愛情姓名學

胡婕筠 著

序

好姓配好名，愛的路上雙人行

　　姓名學的派別非常多，也各有專精。筆者本身的名字是改過的，我在學習當中花了二年半的時間、拜了三派的老師，而這三派的老師有九宮姓名學、生肖姓名學，第三派則是業餘老師阮老師，民國80年我無意之間透過長輩的介紹，拜在阮老師的門下，當時阮老師的年齡已經七十歲了，他曾經擔任警界職務，看過各式各樣犯罪人物的面相，他常常用面相加姓名學判斷客人，每次客人進門一坐下，他就會告訴客人你今天為什麼會來找我算命，讓客人佩服的五體投地，而且從姓名學衍生變化各種人際關係，談論愛情、事業、身體、人與人之間的磁場及親子關係等，讓我終於感覺到五術真是學無止盡。

　　民國90年我出了兩本磁場姓名學，出書後得到很大的迴響，曾經接到一千多個人打電話來洽詢姓名學並問我何時再出書。民國92年元月6日我得了重病，躺在榮民總醫院病床上，我的學生陳柏洋跑到床邊說：「老師你千萬不能死呀！你死了以後肚子裡的學問全都帶到棺材裡頭，有多可惜！偏偏你沒結婚也沒生子，連個傳人都沒有，不如把我們學生都教會了再死吧！」我的得意門生李靜如、林威亞、余慶忠、唐先媛也來到我的病床旁說：「老師你上課時不是說你的陽壽到72歲嗎？所以我認為你這次不會有多大的危險。」聽完這些話真不知是該笑還是該哭，看來不生這一場病我也不願意再留下些什麼作品，如果要留下，我要留最真的東西。在病床上我

想通了，如果老天願意讓我普渡眾生，希望能保佑我出書的路平安順利。

　　民國92年春天，台灣有SARS傳染，當時命相館的生意非常的冷清，很多客人都不敢算命，也有客人打電話過來問，能不能透過電話算命。在這一段時間我巧遇了生智出版社的劉筱燕及人間福報的劉智惠，在聊天當中智惠及筱燕鼓勵我，不妨在這一段時間出書對五術界留下一個福田，又有感於台灣目前坊間的姓名學書籍中沒有一本談到姓名對於感情、婚姻等相關問題做專門的介紹，因此以此為題，寫就這一本《愛情姓名學》。

　　其實姓名學是一個看似簡單、其實複雜的學問，從一張小小的名片，可以得知他是不是我的Mr. Right？兩人是否有緣無份等。當你看完本書後，可以試著用書中提到的例子，來試算自己本身與周圍的朋友，看看自己的桃花在何處，並驗證準確度。

　　在命理教學中，姓名學需要費時十二堂課程才能一一解說完畢，而這本書只簡單介紹某些篇幅，其實有許多章節省略掉，最主要的原因是有些專有名詞無法一一解說，並非筆者賣關子，還請多多包涵。

　　最後希望好東西與有緣人結緣，也希望能傳於有心想學習五術的人。

胡婕筠

Contents

PART 1

我倆算不算是一對戀人？
愛情姓名速配總論

PART 2

我的愛情是
美麗還是錯誤？
從姓名看愛情觀

Contents

認識姓名學的五格

五格的基本算法

姓名中的五行生剋關係

PART 1

我倆算不算是一對戀人？

愛情姓名速配總論

融合各大學派精華

　　民國七〇年間，在台灣有數大姓名學的門派在坊間傳授，如：1.九宮姓名學、2.「許人權」姓名學、3.「納音」姓名學、4.「十二生肖」姓名學、5.香港著名大師「韋千里」姓名學等。在八〇年代，陳安茂先生在廣播及第四台電視媒體中不斷介紹十二生肖姓名學，使得十二生肖姓名學在短時間內紅遍大街小巷。

　　筆者於八〇年間開始研究學習姓名學，期間曾經學了三派，每每在課堂上，會遇到同學們攻擊某一門派不準的狀況。其實姓名學要不斷驗證才能知道準不準。而這本《愛情姓名學》，融合了九宮姓名學、生肖姓名學及「阮老師」姓名學，透過生肖、五行、筆畫、五格等四方面加以說明，首先，我們來談談什麼是「五格」。

認識姓名學的五格

所謂的五格包括天格、人格、地格、總格及外格，其算法、代表意義及判別標準如下：

五格	算法	代表意義	判別標準
天格	姓氏的筆畫 ➕ 數字1	*1至20歲的流年行運。 *與長上的關係、祖先緣份。 *幼年的學習能力。 *頭、臉、咽喉的健康。	「姓」是父母賜予的，較難單純以筆畫論吉凶。但可參考「生肖相生法」，得知姓氏與本命年的吉凶。
人格	姓氏的筆畫 ➕ 名字第一個字的筆畫	*21歲至40歲的流年行運。 *事業企圖心強烈與否。 *象徵賺錢的慾望及能力。	人格、總格的筆畫末碼，可初步鑑定個性，各數字代表的意義如下：
地格	名字第一個字的筆畫 ➕ 名字第二個字的筆畫	*41至60歲的流年行運。 *配偶、朋友的助力。 *對於家庭與家人的態度。	0 為人保守，財富穩定。 1 獨立自主，喜創業。 2 平易近人，個性溫和。 3 能力強，做事易衝動。 4 口才佳，喜愛表現。
總格	姓氏的筆畫 ➕ 名字第一個字的筆畫 ➕ 名字第二個字的筆畫	*動產和現金的多寡。 *60歲後的身體運程。 *關於宗教信仰問題。 *老年退休運程。	5 長輩助力大，一生貴人多。 6 同事相處和樂，喜愛下班聚會。 7 獨孤俠型，只顧自己。 8 熱愛家人，忘了自我存在。 9 鬼頭鬼腦，聰明過人。
外格	名字第二個字的筆畫 ➕ 數字1	*婚外情。 *出國或移民之運勢。	

五格的基本算法

　　此處分別以2個字、3個字、4個字的姓名為例,帶領讀者們演算五格的算法。

二個字的姓名算法:

```
              1
                   ＞ 15 天格
    姓   連   14
                   ＞ 30 人格
   名一   戰   16
                   ＞ 17 地格
              1
                   ─────────
   17 外格          30 總格
```

天格:「連」＋1 → 14＋1＝15

人格:「連」＋「戰」 → 14＋16＝30

地格:「戰」＋1 → 16＋1＝17

外格:「戰」＋1 → 16＋1＝17

總格:「連」＋「戰」 → 14＋16＝30

三個字的姓名算法：

天格：「王」＋1 → 4＋1＝5

人格：「王」＋「仁」 → 4＋4＝8

地格：「仁」＋「甫」 → 4＋7＝11

外格：「甫」＋1 → 7＋1＝8

總格：「王」＋「仁」＋「甫」 → 4＋4＋7＝15

1-5

四個字的姓名算法：

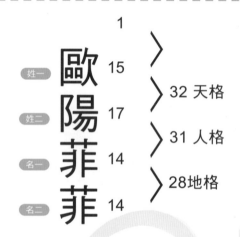

天格：「歐」＋「陽」 → 15＋17＝32

人格：「陽」＋「菲」 → 17＋14＝31

地格：「菲」＋「菲」 → 14＋14＝28

外格：「菲」＋1 → 14＋1＝15

總格：「歐」＋「陽」＋「菲」＋「菲」 → 15＋17＋14＋14＝60

特殊部首的正確筆畫算法

如有特殊部首，其部首筆畫要以標準筆畫數計算，或者直接查閱字典，確認文字完整、正確的筆畫數。

標準部首	水	手	心	竹	犬	月	玉	示	水	衣	网	肉	艸	邑	辵	阜
簡易部首	氵	扌	忄	⺮	犭	月	王	礻	氺	衤	罒	月	艹	阝	辶	阝
標準筆畫數	4	4	4	4	4	5	5	5	5	6	6	6	6	7	7	8
例字	法、泓、淑、潔、清	投、抑、招、拓、揚	怡、志、忠、快、恆	筱、改、放、政、教	狄、狀、狐、猜、猶	朗、有、朋、朝、服	琪、玲、玎、玩、珍	禎、祝、祖、禧、禮	癸、登、發	裘、裔、初、表、裁	羅、罡、置、罰、罪	育、肯、胡、股、肩	英、萱、華、芸、芷	邦、那、邵、郎、郝	進、通、逢、逸、達	防、陷、陸、陳、陵

姓名中的五行生剋關係

如何計算五行生剋關係

對照下表，由天格、人格及地格三個數字的尾數找出五行，即可看出「天格與人格」或「人格與地格」的生剋關係。

數字尾數	例數	五行
1、2	11、12、21、22、31、32、41、42	木
3、4	13、14、23、24、33、34、43、44	火
5、6	15、16、25、26、35、36、45、46	土
7、8	17、18、27、28、37、38、47、48	金
9、0	9、10、19、20、29、30、39、40	水

生宮（相生關係）

水生木（尾數是0、9 水 與尾數1、2 木 五行關係）

木生火（尾數是1、2 木 與尾數3、4 火 五行關係）

火生土（尾數是3、4 火 與尾數5、6 土 五行關係）

土生金（尾數是5、6 土 與尾數7、8 金 五行關係）

金生水（尾數是7、8 金 與尾數9、0 水 五行關係）

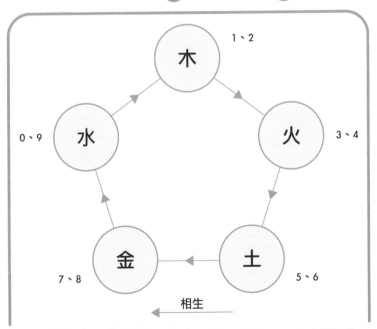

坊間一般認為取名字喜五行相生，其實五行相生未必是最好的，也未必能成大功立大業。

剋宮（相剋關係）

1-9

　　在坊間一聽到五行相剋就嚇到了，認為諸事不順，這種觀念大大錯誤，其實「剋」只是一個名詞，在「八字學」當中，認為人與人之間的交往生宮五行代表有情；剋宮代表無情、改造、約束。但其實這兩套學問（八字學及姓名學）是完全不同的。「姓名學論斷」中，往往剋宮的五行，比較容易有較高的成就。

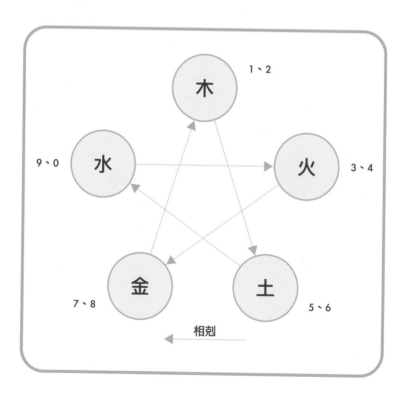

木剋土（尾數是1、2 木 與尾數5、6 土 五行關係）

土剋水（尾數是5、6 土 與尾數9、0 水 五行關係）

水剋火（尾數是9、0 水 與尾數3、4 火 五行關係）

火剋金（尾數是3、4 火 與尾數7、8 金 五行關係）

金剋木（尾數是7、8 金 與尾數1、2 木 五行關係）

平宮（各種平宮的組合）

		陰陽	陽陽	陰陰
木的平宮	尾	1、2	1、1	2、2
火的平宮		3、4	3、3	4、4
土的平宮		5、6	5、5	6、6
金的平宮	數	7、8	7、7	8、8
水的平宮		9、0	9、9	0、0

我的他（她）會外遇嗎？

婚姻真是愛情墳墓？

良人賢妻何時現？

美好姻緣何時現？

未婚想婚怎麼辦？

他總是左右逢源？

她總是招蜂引蝶？

戀愛相處模式

從此過著幸福的日子？

洞悉他的愛情觀

隔層山或隔層紗？

PART 2

我的愛情是美麗還是錯誤？

從姓名看愛情觀

從此過著幸福的日子？

2-1

　　婚姻宮的五行與坊間所說的五行是完全不同的，目前坊間所有的姓名學書籍並沒有較單純地以探討婚姻關係為主的書籍，而本篇章將從剋宮、生宮、平宮來論斷一個人對愛情和婚姻的看法。

　　比方說，剋宮人對婚姻成熟度最高；而生宮人在婚姻關係中永遠扮演逃兵的角色；平宮人對婚姻的看法是永遠打不倒的金剛，多次愛情受傷害依舊對婚姻充滿憧憬，是最容易結婚，也是最容易離婚的一群。以下列四個姓名為例：

推算：

人格數字22 → 2＋2＝4（五行屬火）；

地格數字24 → 2＋4＝6（五行屬土）

解析：

胡婕筠的婚姻宮是火生土的五行，屬於生宮五行。

不論人格生地格、或者地格生人格，都屬於生宮。

姓　吳　1
　　　　7
名一　宗　8
名二　憲　16

> 8　金　天格
> 15　土　人格　6
> 24　火　地格　6

―――――
31總格

推算：

人格數字15　→　1＋5＝6（五行屬土）；

地格數字24　→　2＋4＝6（五行屬土）

解析：

吳宗憲的婚姻宮是平宮土的五行，屬於平宮五行。

人格與地格的五行數字屬於同一五行，如吳宗憲數字6跟6，或者5跟5，或者5跟6都屬於平宮五行。

姓　張
名一　惠
名二　妹

1
11　　12　木　天格
12　　23　火　人格　5
8　　20　水　地格　2

───────
31總格

推算：

人格數字23 → 2＋3＝5（五行屬土）；

地格數字20 → 2＋0＝2（五行屬木）

解析：

張惠妹的婚姻宮是木剋土的五行，屬於剋宮五行。

人格剋地格與地格剋人格，都屬於剋宮，不論它的數字是單

數或是雙數，只要相剋皆為剋宮論。

2-5

蘇有朋

姓 蘇
名一 有
名二 朋

1
22
6
8

> 23　火　天格
> 28　木　人格　1
> 14　土　地格　5

───────
36總格

推算：

人格數字28 → 2＋8＝10＝1＋0＝1（五行屬木）；

地格數字14 → 1＋4＝5（五行屬土）

解析：

蘇有朋的婚姻宮是木剋土的五行，屬於剋宮五行。

婚姻宮五行速查

　　婚姻宮主要從人格與地格的關係來推算。透過下列表格，可以查知你的人格與地格是屬於金、木、水、火、土中的哪一個哦！快來查查看。

所屬五行	人格與地格的數字
木	1、2、11、19、20、28、29、37、38、46、47
火	3、4、12、13、21、22、30、31、39、40、48、49
土	5、6、14、15、23、24、32、33、41、42、50
金	7、8、16、17、25、26、34、35、43、44
水	9、10、18、27、36、45

婚姻宮剋宮五行

　　婚姻宮是剋宮的人，結婚的對象最好婚姻宮也是剋宮，婚後離婚率低；如果結婚的對象是生宮或是平宮，則離婚率高。

金剋木	7、8	1、2
木剋土	1、2	5、6
土剋水	5、6	9、0
水剋火	9	3、4
火剋金	3、4	7、8

婚姻宮生宮五行

　　婚姻宮是生宮的人，結婚的對象最好同是婚姻宮生宮的人，夫妻之間比較容易白頭偕老，生宮的五行若配到剋宮五行或者是平宮五行，離婚率高。

水生木	9	1、2
木生火	1、2	3、4
火生土	3、4	5、6
土生金	5、6	7、8
金生水	7、8	9

婚姻宮平宮五行

婚姻宮若是平宮五行的人，不論跟誰結婚都比較容易離婚，第一次的婚姻往往會跌得頭破血流，其實平宮五行命定第二次的婚姻會比第一次好，破解離婚的方法是：1.第一次婚姻必須超過三十五歲以上；2.結婚的對象，最好是婚姻宮平宮的人。

木平宮木	1、2	2、1	1、1	2、2
火平宮火	3、4	4、3	3、3	4、4
土平宮土	5、6	6、5	5、5	6、6
金平宮金	7、8	8、7	7、7	8、8
水平宮水		9、9		

婚姻宮「如影隨形」

在婚姻宮中有一種磁場叫做如影隨形，他是本尊與分身的關係。在姓名學中擁有如影隨形五行的兩個人，如果結為夫妻一定能白頭偕老，如果不能結為夫妻，共同創業也是非常好的一組組合。

比方說，胡婕筠與尹忠祥（此名純屬虛構）的關係如下：

胡婕筠本尊的五行是22（木）與24（火），本尊五行是木

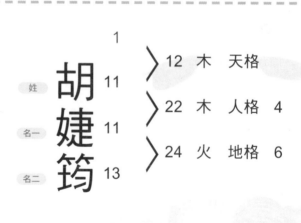

生火。胡婕筠的分身五行也代表婚姻宮的五行，為4（火）與6（土），分身五行是火生土。尹忠祥本尊的五行是19（木）與12（火），本尊五行是木生火。尹忠祥的分身五行也代表婚姻宮的五行，為1（木）與3（火），分身五行是木生火。

因為他們兩人有共同的木生火，所以胡婕筠和尹忠祥交往當中，胡婕筠扮演本尊的角色，尹忠祥扮演分身的角色，他們兩人如果能結為夫妻，屬於命定式的前世姻緣，比較容易白頭偕老，如果姻緣路上沒有辦法結為夫妻，也是很好的合作伴侶。

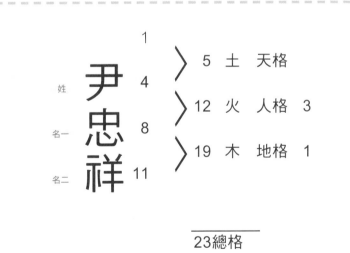

註：本尊與分身是從人格與地格的五行來論斷。

洞悉他的愛情觀

　　筆者有一個好朋友是婦產科名醫師，他說在台灣未婚懷孕的季節可以分為兩個時段，一個是二月十四日情人節，另一個就是夏天，其中以暑期懷孕的人特別多，在醫學界有一種說法，每到夏天是戀愛的季節，也是情慾的季節，女人每到夏天的時候，都會穿的很單薄、暴露，令男人有無限的暇思，使男女的交往比較容易發生肉體關係。男人認為如果沒有肉體的發生，會沒有安全感，女人認為愛情必須要清醒，所以拒絕上床。快速的感情發展，會讓彼此互相討厭對方，認識時間不長卻因發生肉體關係而結婚，離婚率也會特別高。

剋宮

金剋木 人格、地格數字為7、8、1、2

　　金剋木的男人有種與生俱來的風采,即使長得不帥,也多半擁有溫文儒雅的氣質,他不會隨便約女生吃飯,他認為要約一個女生,就要談論未來,別浪費太多時間。當妳進入他的內心深處,妳會發現他是如此愛家,他不喜歡家中太雜亂,他喜歡婚姻像杯水一樣,他的愛情觀是「平靜就是福氣」,把家中打理清潔、整齊,他不會很難伺侯的。

愛情成熟指數:★★★★★★★

優點:金剋木的人喜歡單純的愛,就算是一點點的小幸福,也　　　　會有很大的滿足和喜悅。

缺點:心中只有家庭,人際關係日漸變差。

盲點:對家人過份付出,反而讓人覺得有被約束的感覺。

愛情禁忌:★

適合戀愛類型:顧家的男女。

愛情箴言

　　愛他,為他煮頓晚飯。

木剋土

2-13

人格、地格數字為1、2、5、6

　　木剋土的男女，你（妳）的愛情常常存在著危機，你（妳）永遠只往前看，忽視了配偶或另一半，你（妳）常抱怨對方又在鬧脾氣了，認為冷漠是為了自我的自尊，因此冷戰是你（妳）常用的技倆。剛開始對方為了愛、為了子女，會忍氣吞聲，但當他（她）內心受到傷害需要你（妳）的時候，如果你（妳）視而不見、聽而不聞，終於火山爆發談到分手，此時你的內心從雲端摔到水泥地，想挽回一切已經太晚了，在婚姻、戀愛關係中永遠看不透你（妳）的心。

愛情成熟指數：★★★

優點：對愛情要求完美，當感情有了缺口，會找異性聊天，聊久了就愛上對方，讓愛情變得十分複雜。

缺點：老是說配偶不好。

盲點：不可輕言分手。

愛情禁忌：★★★

適合戀愛類型：不會吵的越南妹。

愛情箴言

　　別怨配偶不好，如果他（她）好就不會選擇你（妳）。

土剋水

人格、地格數字為5、6、9

土剋水的男性有雙重個性，某些男性他的溫柔體貼和無比柔情，會給你帶來前所未有的甜蜜與歡樂，就好像瓊瑤小說中的人物，一天到晚只知道談戀愛，什麼事都不做。但畢竟愛情不能當麵包，婚後很快會產生家庭問題。另一種土剋水的男性很懂得如何掌握財富和名望，在事業上努力打拼而引起女性主動示好，同樣都是土剋水的男性，對家庭認知卻不同。

土剋水的女性天生就有令男人心動的魅力，她不需要光鮮亮麗的外表，老天爺特別疼愛她，婚前易有二男追一女的情形，婚後依舊有人想幫助她，就算大肚子，還是有人欣賞她。

愛情成熟指數：★★★★

優點：妳（你）天生就有一種吸引異性的神秘力量，這股力量
　　　　是熱情而且多情的。

缺點：別老是認為天底下的男女永遠臣服在你（妳）腳下。

盲點：談戀愛別談過頭。

愛情禁忌：★★★

適合戀愛類型：瑪丹娜比較適合你。

愛情箴言

愛得來容易，須知珍惜。

水剋火

人格、地格數字為9、3、4

2-15

你對婚姻的看法如亞當與夏娃，認為相識不需要多久就可以結為夫妻，通常婚後才發現到彼此之間認識的程度不夠，你喜歡在月光下或是沙灘上談戀愛，更渴望有一個燭光晚餐，對愛情你往往抱持著「妳是我今生的新娘、你是我今世的新郎」的看法，相處超過半年後，愛情退化了，你們會互相排擠對方，認為他沒有你原本認為的好，在半年後才發現到你愛的他竟然會是這樣弱不禁風。

愛情成熟指數：★★★

優點：水剋火的人對愛情十分盲目，很容易相信對方，也很容易受傷害，你常發現他（她）特別偏愛玫瑰花，總是在追求真命天子，內心世界永遠空虛。

缺點：交往時間太短。

盲點：互相認識程度不夠

愛情禁忌：★★★★★

適合戀愛類型：他是一匹野馬，想要馴服他不如與他同飛。

愛情箴言

冷靜下來互相仔細的想一想，每個人都有優點。

火剋金

人格、地格數字為3、4、7、8

火剋金的女孩子，不希望她的感情發展得太快，發展得太快會讓她聯想到激情、噁心、污穢，她比較喜歡愛情長跑。火剋金的男性，比較喜歡參加社團的活動，在工作上面有很大的表現，在感情方面卻是零，嫁給他如喝一杯溫開水，他常常粗心大意，忽略了配偶的存在，他認為結完婚後你就是我的財產，什麼都不用想，最好配偶也不要工作。

愛情成熟指數：★★★★★

優點： 妳（你）很有愛心，凡事都講求實際，對於家庭及倫理十分重視，婚後不易背叛家庭。

缺點： 粗心大意，太過呆板。

盲點： 煮熟的鴨子飛了。

愛情禁忌：★★

適合戀愛類型： 純情少女，不容許婚姻當中有任何的瑕疵。

愛情箴言

女的婚後會犧牲一切，細心的為家庭打理，把家裡整理得有條不紊，是一個非常細膩的女人，婚姻當中妳很怕有第三者介入，如果有第三者介入，妳幾乎會崩潰，要娶她就要好好的愛她。

生宮

水生木

人格、地格數字為9、1、2

結婚只是為了找一個伴，當感情有了變數，他會去追尋事業。他在談戀愛交往的朋友中，比較喜歡活潑有智慧的女孩，喜歡她獨立自主，不喜歡受約束，如果你想要跟水生木的人談戀愛，不論男女都不要去約束他，更不要去懷疑他，妳要用無比的愛心去關心他，因為他會不小心轉頭離妳而去。

愛情成熟指數：★★★★

優點： 你（妳）很多情而且個性外向，比較愛好自由，是一個很有理想的人。

缺點： 太愛自由了。

盲點： 想逃離爭執就說我要加班。

愛情禁忌：★★★

適合戀愛類型： 心靈的溝通。

愛情箴言

你必須從同事之中察覺你所愛的人是什麼樣的個性。你需要長期的觀察別人適不適合你，所以你常常會在結完婚後覺得配偶一直不進步，怎麼一天到晚談柴、米、油、鹽、醬、醋、茶，跟你的距離越來越遠，不小心處理容易走上離婚的路。

木生火

人格、地格數字為1、2、3、4

你喜歡美好的事物，會非常尊敬你的另外一半，認為兩個人在一起，必須要有婚前的溝通，對未來要創造一個優雅的生活環境，雙方很怕跟對方的家人交往，家族性的問題沒好好處理，常常會是你們分手的最大原因。談戀愛最終的目的就是要結婚，必須雙方共同的解決家族問題，才會有好的婆媳關係，婚後就不容易走上離婚的那條路。

愛情成熟指數：★★★★

優　點： 具有溫柔體貼個性的妳（你），表達感情的方式是完全憑著感覺走的。

缺　點： 婚前婚後因家族的關係產生了各種問題。

盲　點： 永遠不敢面對問題，最後成為婚姻生活中最大的阻礙。

愛情禁忌：★★★★★

適合戀愛類型： 互相有包容、互相有未來。

愛情箴言

木生火的婚姻一開始的時候充滿了喜悅，相處久了以後才發現到彼此的差距非常大，想要讓自己的愛情及婚姻幸福，唯一的方法就是學習溝通，更要包容雙方的父母，多往婆家走動，婚姻的危險性就減少。

火生土

人格、地格數字爲3、4、5、6

2-19

你對愛情的看法如經營事業一樣的謹慎，因此你喜歡的對象，婚前必須活潑開朗有智慧，婚後必須要守在家裡，愛情如事業，你們在無形之中會定下一些模式，互相不去打擾對方，平時像一對好朋友，永遠包容對方的缺點。

愛情成熟指數：★★★★★

優點：對於愛情很忠實，而且崇尚自然的愛與美。

缺點：你有濃厚的家庭觀念，不許別人踏入你的家庭一步。

盲點：愛之深、責之切，對婚姻過份執著，讓人有喘不過氣來的感覺。

愛情禁忌：★★★★★

適合戀愛類型：需要有濃厚的家庭觀念。

愛情箴言

結完婚後夫妻共同創業，婚後男性越來越大男人主義，婚後的女性必須吃苦耐勞，辛勤的工作，才能有美好的婚姻生活。女性常常會有喘不過氣的感覺，如果你是火生土另一伴，請別忘記給你的配偶一些生活空間，他不會走失，他很愛家的。

土生金

人格、地格數字為5、6、7、8

土生金的女性會為了他有奉獻、犧牲的精神，戀愛前連個蛋炒飯也不會，更別提進廚房，但是為了想要抓住對方，而努力學習家事，改變原先的自我。土生金的男性，做事非常細心，對事業有充份的熱忱，唯獨談戀愛，就少根筋，認為認識一個人是多麼辛苦，所以他在戀愛過程中是個常敗將軍。

愛情成熟指數：★★★★★

優點：感情態度很執著，眼中容不下一粒沙子。

缺點：談起戀愛常常沒有自我。

盲點：對婚姻的選擇，常常會為了對方而沒有自我。

愛情禁忌：★★★

適合戀愛類型：你不壞、我不愛，你太好、我不要。

愛情箴言

在談戀愛的時候常常沒有認清對方就一頭栽入了愛情的漩渦，很容易發生肉體關係，認為性就能掌握對方，也因為認識的不夠深入，當要再進一步時，才發現欠缺慎重的考慮、處事輕率，因此產生了許許多多的問題，導致雙方的家族不滿，奉勸你們的交往必須要超過一年後再論婚嫁，千萬別認為有了肉體關係就可以綁住對方。

金生水

人格、地格數字爲7、8、9

　　你喜歡追求廣博的知識，對婚姻、感情不十分熱衷，希望能在心靈當中找到契合、溝通的朋友，於是你對感情很有分寸也很有智慧，所以你通常要結婚不容易。

愛情成熟指數：★★★★★

優點：對於感情的態度十分直爽、善良，有種讓人很難抗拒的誘惑力。

缺點：別問他你在何處？他會生氣。

盲點：不知道要什麼，只要談得來。

愛情禁忌：★★★★

適合戀愛類型：機會在你左右，別忘了靜下來好好想一想。

愛情籤言

　　聰明的人常常被聰明誤，過份的追求知識、自我、自由而忽略了感情，好的配偶不會等你，當你發現他已經不屬於你，想要再追回來談何容易，建議金生水的男性、女性頭不要抬得太高，只會往前走，偶爾回頭，會看到有個人默默的跟在你身邊，男性也要小心得意忘形。

平宮

平宮木

人格、地格數字為1、2

　　婚姻宮是平宮木的人，有很大的機率到國外風景美麗的地方，在國外常常會有異國戀情，雙方的認識並不多，但卻擦出火花，也就是說平宮木的人，在戀愛當中常常會有一夜情，當踏入紅地毯的另一端才發現，你太重視愛情而忽視了麵包。

愛情成熟指數：★★★

優點：重視愛情、喜歡羅曼蒂克的生活，更喜歡看新聞。

缺點：婚姻來得快、去得也快。

盲點：熱愛自由、忘記責任。

愛情禁忌：★★★★

適合戀愛類型：有智慧的你（妳），與他（她）遊遍天下。

愛情籤言

　　結完婚後不出一年，女的體型就會變形了，走在路上就好像歐巴桑一樣；男的婚後一年，喜歡穿短褲、拖鞋，也很像歐吉桑。如果你婚姻宮的對象是屬於平宮木，那你們會互相欣賞對方，這樣子你們會相愛到老，如果你的婚姻宮是剋宮，包準你會三振出局，結婚後要多愛自己，別讓自己變成歐吉桑、歐巴桑。

平宮火

人格、地格數字為3、4

2-23

你的愛情觀過於熱情，常在認識不清的狀況之下就投入許多，你對於另外一半佔有慾很強，希望你的配偶能聽你的話，一開始伴侶會為了你的熱情屈服在你的威嚴之下，交往一段時間後會覺得為什麼我要聽你的，久而久之常產生磨擦。你認為只要結了婚就好，所以你會閃電結婚。

愛情成熟指數：★★★

優點：很重視兩個人之間的愛情生活，對於另一半有股強烈的佔有慾。

缺點：你的個性太強了，不容許別人有任何意見，戀愛常常會變成你的致命傷。

盲點：你認為結完婚後所有的事情都可以解決，但是結完婚後才發現所有的事情還是沒解決。

愛情禁忌：★★★★

適合戀愛類型：你喜歡聽眾，不喜歡有思考性的配偶。

愛情箴言

不要過份干涉另一半的私人生活，你常會用爭吵的方法告訴他你有多愛他，卻會把他推向另外一個空間。妳比較容易二度婚姻，在第一段婚姻時會愛對方愛得死去活來，越愛對方傷害越大，建議你給對方一點空間，也給自己一點空間。

平宮上
人格、地格數字為5、6

你在戀愛與事業當中，會有莫名奇妙的壓力感，因此比較容易晚婚或是不婚，在社交方面很有企圖心，往往事業方面會很成功，對婚姻及戀愛你比較喜歡成熟的配偶，而且要具有堅貞的婚姻觀念，你不會隨便去接受任何一個人，因為你認為戀愛是一種很大的負擔，如果今生找不到好的對象，寧可不婚。

愛情成熟指數：★★★★★

優點：妳（你）是一個很善解人意又很重感情的人，對於愛情不會有夢幻般的幻想。

缺點：不敢勇於面對愛情。

盲點：不相信天底下有美滿的婚姻。

愛情禁忌：★★★

適合戀愛類型：辦公室同事。

愛情箴言

愛情如一道門，輕輕的把它推開，如果你敢走進去，你就會發現到裡面無限美好。如果你願意走進這道門，你會有一個很好的婚姻，無論如何你的配偶都會包容你的缺點，你是所有的平宮當中最不會離婚的，不要認為晚婚或是不婚是你最好的選擇，這其實是錯誤的。

平宮金

人格、地格數字為7、8

你對愛情的看法常常像追求無上的智慧般，你不喜歡約束，更不喜歡固定的婚姻模式，對你而言，又要愛情又要自由，你不喜歡來自配偶的精神壓力，久而久之，你的愛情產生了變數，交往到最後論及婚嫁時，會有「落跑新郎」或「落跑新娘」的結局。

愛情成熟指數：★★★

優點：你（妳）很聰明但是性情多變，對於愛情的態度總是保持冷靜看待。

缺點：當愛情出問題時過於冷靜，無形中傷到對方。

盲點：永不認錯，為了面子，寧可玉碎不願瓦全。

愛情禁忌：★★★★

適合戀愛類型：有強大的包容心，才能與你結為夫妻。

愛情箴言

平宮金的人都有大男人主義和大女人主義，喜歡對方聽他的，而不願意接受別人的意見。當感情出問題時，只會躲起來，外表十分冷靜，內心卻十分著急，如果你不改改你的個性，小心你會當一個「老孤單」。

人格、地格數字為9

你對愛情的觀念如三〇年代的人一樣，你認為只要跟隨著配偶的腳步，沒有自我也無所謂，所以常常會嫁到一個愛玩、游手好閒的男人，你的情侶都是被你寵壞了，你認為你有賺錢的能力，所以老公給不給你錢並不重要；男性過份聰明，常常認為賺錢不要走傳統的路，應該靠智慧賺錢，久而久之，對愛情常有不負責任的感覺，要嘛一夜致富、要嘛窮個三年，愛情對男性來說可有可無。

愛情成熟指數：★★★

優點：你（妳）的愛情觀很傳統，對於愛情要求完美。

缺點：女性易寵壞配偶；男性對愛情可有可無。

盲點：易離婚，第一次的婚姻會傷得遍體鱗傷，第二次婚姻才會穩定。

愛情禁忌：★★★★★

適合戀愛類型：適合語言不通的印尼妹。

愛情箴言

不要認為盲目的跟隨就能換來配偶的疼愛，妳必須在你的婚姻當中，給配偶一些責任感，讓他了解家是兩個人一起創造的。

隔層山或隔層紗？

2-27

在愛情的三角習題當中「親密關係、承諾、激情（浪漫）」，是每一段愛情必經的旅程，而等邊三角形才是最理想的婚姻。女性常常抱怨男性不夠浪漫，為什麼不送玫瑰花給我，常常追問你到底愛不愛我，久而久之男性覺得感情世界非常累人。多數的戀情一開始都是激情浪漫的，等到相處了一段時間，愛情趨於穩定，這個時候男女就會許下共度一生的承諾，而平實、關心、陪伴、守候就成為婚姻當中最重要的一部份。

剋宮

金剋木 他比較喜歡參加婚姻介紹所，或者經由長輩、同事介紹的對象，這樣子的話他會比較有安全感，要他主動去追求女孩子，恐怕他會一輩子站在原地，不敢越雷池一步。

愛情人生觀： 妳如果在他的面前跟另一個男人講電話，他可是會打翻醋桶，非要妳仔細交代對方所有的一切，他的醋意才會慢慢平息。妳可能要寫個保證書來證明會跟對方斷絕來往，他才會有安全感，想單獨與老友一起吃飯、看電影，妳想都不要想囉！除非是他也在場。

追求密技： 妳只要能做到這三點，就是愛他、哄他、崇拜他，尤其是「崇拜他」這一點最重要，金剋木的男人很自大、很愛面子，就算他對你有好感，也會裝做不在意的樣子，更別想他會主動來追求妳。

胡老師叮嚀： 他不會做沒有把握的事，應該說是怕失敗、丟不起這個臉，妳不能主動追求他，那樣子可能會把他嚇跑，金剋木的男人比較喜歡主動出擊，妳不妨在聊天的時候偶爾流露非常崇拜他的樣子。

難度指數： ★★

木剋土　木剋土女人的心是玻璃做的，她缺乏自信心，常常情緒低落，獨自一個人躲起來，關在房間內哭泣，她非常需要你給她安全感，告訴她想保護她與她共度白首。

2-29

愛情人生觀：妳不可以在他面前提到某個男人事業有多成功、賺多少錢，這樣會為妳的他無形中增加了許多壓力，妳們兩個人的眼睛永遠容不下一粒沙。

追求密技：木剋土的女性隨時需要你給她安全感，當她在嘮叨的時候，適時回過頭、摸摸她的頭，告訴她你會改、你很在乎她；木剋土的男性對事業的追逐心非常的強，愛情只是他生命中的一小部份。

胡老師叮嚀：木剋土的女人心是玻璃做的，她會在你面前吵鬧、發脾氣，只是希望你能多關心她、欣賞她，不要對她冷冷淡淡的，這樣子你會逼她從你的手中溜掉；木剋土的男生對婚姻的抗憂鬱指數非常低，結完婚後常常覺得配偶不好，還要找另外一個人蓋棉被、純聊天，傾訴的第三者往往會是他二度婚姻者。

難度指數：★★

土剋水 土剋水的男性在愛情的追逐當中，喜歡自己快樂也希望對方快樂，十分重視性愛上面得來的刺激，希望女友能配合他，如果在性愛當中得到挫折感，他會立刻跑到別人的身邊；土剋水的女性長得溫柔又大方，常常會同時交兩個男朋友，讓她定下來選擇，常常會是她最痛苦的一件事，要追求土剋水的女性必須要緊迫盯人，才能得到她的芳心。

愛情人生觀：土剋水的男女對於婚姻是既期待又怕受傷害，他們在結婚前都非常忠誠，期待自己婚後依舊有忠貞不變的愛情，但是在他們的婚姻當中常常會有小插曲，破壞了人生的美。

追求密技：對愛情好像沒有概念，只要有對象就會很快的投入愛情當中，有時候在愛情當中會有曇花一現的情形。

胡老師叮嚀：土剋水的男女在戀愛當中如天之驕子，常常在還不知道任何情形之下就被追到了，愛情的箭如閃電般射入雙方的心靈，一開始為愛不惜一切，但是相處久了以後會有第三者進入你們的生活，至於感情能不能穩定，那就要看相愛的程度。

難度指數：★★★

水剋火

2-31

滿腔熾熱的愛情火把，快速的燃燒，內心猶如花蝴蝶般四處的飛揚，遇到所愛的人，總是厚著臉皮說些肉麻的話，喜歡談戀愛的感覺，交往超過半年就開始產生壓力，也缺乏新鮮感。

愛情人生觀：兩顆心碰在一起，快速擦出火花，愛的世界只有你、只有我，不在乎天長地久，只在乎曾經擁有，更在乎持續多久。

追求密技：天雷勾動地火，從對方眼神中的剎那之間找到了自我。

胡老師叮嚀：水剋火的愛情總是來得快、去得快，當你要去追求她的時候，請喝杯咖啡仔細想想，在這一場戀愛當中你最終的目的是什麼，是找伴侶還是找玩伴，想清楚再去談戀愛，快速的火花可以讓人短暫的沈醉，在一見鍾情的迷茫中，此時你看到的對方是既可愛又迷人的。

難度指數：★★★★

你可能是一個寫情書的高手，常常在異地思念著對方，當互相見到面的時候心中常常會有少許的落差，難道我愛的人是她嗎？因為你不善於表現，所以也不懂得獻殷勤，往往交往已久的女友（男友）會離你（妳）而去。火剋金的男性在思念的時候，喜歡一個人躲起來偷偷的喝酒，他是天底下最笨的少女殺手。

愛情人生觀： 我真的很愛妳，我也很想用「尖頭鰻」的姿態出現在妳面前，偏偏昂貴的衣服穿在我身上變成四不像，我很想告訴妳，我是真的很愛妳，只是不懂得獻殷勤。

追求密技： 你是見光死的情人，比較適合待在電腦前打「衣妹兒」建立感情，不要在乎自己的外表，拿出寫情書高手的姿態，包準迷倒一群人。

胡老師叮嚀： 火剋金的男女都非常愛家，只是不善於表達，初次交往沒有辦法快速的吸引到對方，交往久了才會發現互相是寶。婚姻剛開始的時候會有波折，到了最後才知道是全世界最安全的堡壘，你在談戀愛當中不會腳踏兩條船。

難度指數：★★★★★

生宮

水生木 你很盼望路上所有的目光都能凝視著你,你希望女友明豔動人,妳希望男友玉樹臨風,你們的愛情不成熟,只為了要追求俊男美女,而不在乎雙方的內心深處,反正我很漂亮、我很英俊,沒有你還有別人追我。

愛情人生觀:台語有句話「呷碗內、看碗外」,你對愛情的忠誠度不高,通常只要有新的獵物出現,就比較容易犯錯,不管你的伴侶對你多好,你會短暫的迷失自己,當要回頭為時已晚,奉勸你不要再玩了。

追求密技:不是俊男我不嫁,不是美女我不追。

胡老師叮嚀:你有一點被愛情沖昏了頭,在愛情的表態上,顯得有一點自傲又自負,常常會說「只要我喜歡有什麼不可以」,男性常藉換女伴,來彰顯自己的金錢或魅力,小心玩過頭會得AIDS,別忘了老婆在家裡等你吃晚飯。

難度指數:★★★★★

木生火　常常聽說在某一個社區大學裡頭，有一對同學談戀愛，或者在某一個補習班有一對兩小無猜的情侶，共同研究功課，當大學聯考完畢，男的分發基隆，女的分發台中，愛情產生了變化，男的有了新的女朋友而忘了遠方的她，女的總是哭哭啼啼，為了男方想要轉學；所有生宮的姻緣在感情路上，都比較容易受到傷害。

愛情人生觀：你對愛情有美好的幻想，往往初戀的對象不會是你的真命天子，所以面對感情，不要太過認真，你的對象通常會在28歲左右出現，不妨趁年輕的時候多多充實自我。

追求密技：在學習當中找到伴侶，重視心靈的溝通。

胡老師叮嚀：你們的交往，一開始是普通的朋友，隨著時間培養出對於感情的渴望，才能夠享受愛情的情趣，交往的越久，彼此才有可能結成夫妻。不要認為相互挑剔、爭吵會分手，其實你們是不斷的溝通，你們之間最好有一個好朋友可以當你們的和事佬，這樣你們才會踏上婚姻的路途。

難度指數：★★★★★

火生土

你是一個為愛奉獻一切的人，而且永遠順從著對方的指揮，比較欠缺自己的愛情主見，無論對方的錯誤或是有壞習慣，你都會容忍，久而久之寵壞了對方，常常會為對方在金錢上面調度，讓自己聲淚俱下，在感情世界中不要盲目的去包容對方。

愛情人生觀： 愛情路上多變化，很可能認為自己為對方犧牲一切，對方就會改變，婚姻埋藏著不定時的炸彈，勇敢的走出來說不，你的婚姻才會有救。

追求密技： 你別怕人家緊迫盯人，戀愛的初期對方會緊迫盯人，戀愛的中期雙方會不斷的爭吵，戀愛末期對方就閃人了。

胡老師叮嚀： 一開始談戀愛是甜甜蜜蜜的，相處一年後會嚐到感傷和憂慮，請你在談戀愛的同時，與對方培養共同的宗教及共同的興趣，如果有共同的宗教或共同的興趣，你們會是一對可以白頭到老的佳偶。

難度指數： ★★★★★

土生金 土生金在愛情路上走得頗辛苦，為愛煩惱為愛愁，內心明知道對方不好，仍心甘情願的等待，不管朋友怎麼勸，他依舊躲在金字塔裡面，回味早期那段愛情。

愛情人生觀： 你的心扉很難打開，總是獨自一個人療傷，在愛情當中不敢勇於表現出自己的愛意，好像早期的阿嬤，認為不斷的苦等，老伴總有一天會回來。

追求密技： 好的男人我不要，壞的男人我最愛，別傻了！該換個台詞了，壞男人我不愛，好好愛自己。

胡老師叮嚀： 在命理諮詢中，常常看到土生金的女性來哭訴老公有外遇了，她要怎樣才能把老公抓回來。其實當妳的婚姻出了問題，不要一直自責，此時去參加宗教團體，把妳的愛轉成大愛。

難度指數： ★★★★

金生水

2-37

在冥冥之中好像有一種力量，讓我感覺到這個人大概是我未來的伴侶，因此每當感情來的時候，會特別珍惜這份感情。為了他總是會在舉手投足之間，散發著誘人的訊息，以逸待勞，等待對方的行動跟暗示，金生水的人天生多變，一會兒如溫柔的處女，一會兒又有如檳榔西施般火辣，隨時如花蜜般等著蜜蜂去採，至於愛情品味的高低，並沒有特別的要求。

愛情人生觀：明明知道世界上沒有完美的情人，卻總是尋尋覓覓尋找一位完美的情人，所以每次分手的原因，都是因為他不適合我、他不夠完美，常常自欺欺人，認為下一個男人會更好。

追求密技：懂得如何去體諒別人、了解別人，才能真正懂得去享受愛情的真諦。

胡老師叮嚀：你是在愛情表現上收放自如的人，常常在愛人與被愛之中左右搖擺，所以你是一個很能掌握愛情的高手，不到最後的關頭，你不願意被貼上死會的標籤，其實在戀愛當中，你是常勝將軍，愛神又特別眷顧你，無論你如何選擇，你都是幸運者，勇敢接受感情吧！

難度指數：★★★★★

平宮

平宮木 兩顆心碰撞在一起激起了愛的火花，有時候讓人喘不過氣，戀愛當中夾帶著粗野的動作，常常瞬間中爆發了火花，事後十分的懊惱，平宮木的戀愛通常只要看對眼，就產生了火花，管他什麼追求方式。

愛情人生觀：愛是完美的佔有，愛是不留下一點空間，只要你我情投意合，哪怕別人的眼光，更不怕現實生活中的壓力，只要愛情不要麵包，只要彼此價值觀有所契合，就有可能會閃電結婚。

追求密技：平宮的木常有被愛情沖昏頭的可能性，當你無法看清楚對方真正的個性之前，就願意為對方犧牲，你最好先冷靜一個星期，覺得他還是很好的話，你再付出感情。

胡老師叮嚀：滿腔熱情的愛情火花，把妳的眼睛燒迷糊了，讓妳周遭的朋友受不了妳，每天聽到妳說他有多好多好，你們有多愛對方，在不久的將來就會結婚，其實妳的愛情隱藏著高度的危險性，一旦對方變了心，妳的報復火花就會馬上出現，請妳停下腳步用冷靜的頭腦接受朋友的意見，這樣比較不會受到傷害。

難度指數：★★★

下宮火　在妳的眼中，另外一半有沒有錢不重要，「只要他愛我就可以」，往往妳會愛上一個不踏實的人，男的非常有才華，妳必須當觀眾似的，不斷給妳的戀人信心，久而之，當妳面臨家庭的經濟危機時，妳才會發現到，才華不見得能當飯吃。

愛情人生觀：妳比較容易愛上藝術家，更容易愛上一個不回家的男人，妳認為男人必須要帶著一點傲氣，太乖的男孩子妳反而不喜歡。

追求密技：由愛慕轉變為愛情，對對方的才華特別欣賞，在這種情形下，妳在愛情的路上，永遠會比別人盲目。

胡老師叮嚀：不要盲目的去追求有才華的男人或女人，當妳沒有辦法成為女強人的時候，妳永遠無法與對方匹配，試著把眼光放低一點點，去找一位平實的公務人員，不要認為才子一定配佳人，因為妳離佳人的距離還很遠。

難度指數：★★★★

老天爺好像是故意開了你一個玩笑，愛情的緣分似乎來得特別的慢，妳永遠是愛情迷網中的一隻羔羊，內心柔弱又細膩的感情，時常帶有一些感傷，妳常常會拒絕異性的追求，其實誰娶到妳（嫁給你），就是找到最安全的城堡。

愛情人生觀：你對愛情全心全意的投入，你的心態是既期待又怕受傷害，如果對感情的忠貞換來變心的話，那麼，心靈的傷害可能讓你終生不敢接受下次的戀情。

追求密技：打開心扉、走出戶外，總有一天妳的真命天子會出現，追求妳的對象往往是警察、軍人，不妨往軍警方面去交往妳的異性朋友。

胡老師叮嚀：平宮的土在愛情交往當中，最好由長輩或是同學介紹，妳比較不適合自由戀愛，最好在25歲之前結婚，過了25歲姻緣出現的對象，通常愛情的忠貞度比較差，妳比較適合青梅竹馬的戀情，往往你初戀的男人是妳這一生中結婚的伴侶。

難度指數：★★★★

平宮金

你可以說是一匹失去控制的愛情野馬，依據自己的喜好來應對感情的事物，你常常有奇特的想法，認為只要我喜歡有什麼不可以，就算分手也無怨無悔，在別人的眼中，永遠看不清楚你到底在演什麼戲。

2-41

愛情人生觀： 你可能這一分鐘決定以身相許，但下一分鐘又會當「落跑新娘」或「落跑新郎」，談戀愛的時候如膠似漆的，分手的時候卻扮演著受傷的綿羊，讓人永遠猜不透你心中到底在想些什麼。

追求密技： 愛上妳必須快速的把妳娶回家，交往越久磨擦越大，所以妳的戀情最好在半年之內論婚嫁。

胡老師叮嚀： 你在愛情路上走得頗辛苦，常為愛煩惱、為愛憂傷，不太善於表現你的愛意，所以你選擇逃避，你要找的對象要有強力的肩膀讓你靠，你才會有安全感，不妨多往教會走走。

難度指數： ★★★★★★

平宮水 時常獨自一個人站在愛情的十字路口徬徨，思考我應該選擇誰，在感情的路上常常盲目的跟隨心愛人的背影，扮演不同的角色，這已經是我多次戀愛的經驗了，為什麼每一次交往的人都跟我前任男友有同樣的個性，我要如何跳脫感情的包袱，平宮水最怕緊迫盯人的戀情，往往在談戀愛時最容易失去理智。

愛情人生觀：平宮水在感情上面一開始追逐遊戲時，覺得心動不如馬上行動，往往獲得一場空幻的感情。

追求密技：廣泛的結交一些異性朋友，可以讓你的姻緣路上多些機會，不要盲目的去迎合別人，做自己才是最快樂的。

胡老師叮嚀：平宮水認為姻緣是前世定的，只不過這一世在感情上會有挫折發生，你的姻緣必須要過了35歲後才會有好的結果，趁年紀輕不妨專心創業，相信在路的盡頭依舊會有另一個人願意陪伴你，共度白首，切記第一次婚姻一定要超過35歲以上。

難度指數：★★★★★★

戀愛相處模式

2-43

　　「如果世界只剩下十分鐘，我會深深的親吻你，如果世界剩下三分鐘，我會說我愛你，如果世界只剩下一分鐘，我會傳個簡訊給你，表達我的愛意」。簡訊傳情是現在 E 世代的人所流行的，談戀愛時情侶之間互傳簡訊，經常是彼此相看兩不厭，如果你不懂得１５７３、２０９９９就跟不上時代。在學校每個人手上都有手機，手機族常常用手機傳簡訊表現愛意，尤其已經追到女朋友，不懂得傳簡訊在團體當中就顯得夠遜。你在談戀愛嗎？懂不懂得情話綿綿？隨著科技的進步，別忘了隨時隨地獻上一則愛的簡訊，保證讓情人心頭甜蜜蜜。

剋宮

金剋木　愛上金剋木的男生，妳必須學會愛他、哄他、崇拜他，金剋木男性喜歡在愛情字典中以「我」為主，不喜歡處於被動的地位，欣賞他主動追他會嚇跑他，妳不妨在言談中流露出對他的崇拜，讓他覺得妳很乖，可以做他的小女人。愛上金剋木的女性，如買到一個終生保險，因為家庭是她的全部。

難搞指數	★★★★★★★★
依賴指數	★★★★★★
野蠻指數	★
專情指數	★★★★★★★★
摳門指數	★
龜毛指數	★★★★★
潔癖指數	★★★★★★★★
體貼指數	★★★★★

木剋土

敢戲弄木剋土女人感情的男人是會得到報應的，你多少總看或聽過女性復仇的案例吧！那一些不顧一切報復變心男友的女人，應該會給你帶來一點點警惕吧！在很多情況之下，木剋土的女人表現出的勇敢會令男人甘拜下風，假如她是真心的愛你，就算是全世界都反對，也不會改變她的心意，無論你們未來有多坎坷，她會陪你一起走，而且會時時陪在你身邊。她的堅強會讓你覺得自己很重要，尤其是當木剋土的女人對你承諾「至死不渝」的時候。

難搞指數	★★★★★
依賴指數	★★★★★★
野蠻指數	★★
專情指數	★★★★
摳門指數	★★★
龜毛指數	★★★
潔癖指數	★★★★★
體貼指數	★★

土剋水 如果妳想要跟他在一起一輩子，那恐怕就有一點淒慘了。不要怪他沒有責任感，他的浪漫不就是當初令妳心動的原因嗎？只不過妳沒想到他會「浪漫」到如此地步罷了。大部份土剋水的男人會有種頹廢的傾向，經常需要別人的肯定和讚美，你的鼓勵對他來說是很重要的，別說出會打碎他夢想的話，那會是失去他最快的方式。土剋水的男人有很多的異性朋友，稍稍隱藏一下妳的醋勁，這樣才能避免外遇，也不要在他心情低落的時候，對他嘮嘮叨叨的抱怨不停，這可是會讓他消失一陣子，甚至再也不會出現在妳面前的。

難搞指數	★★
依賴指數	★★★★★★
野蠻指數	★★★
專情指數	★
摳門指數	★★★★★
龜毛指數	★★★★★
潔癖指數	★★
體貼指數	★★★★★★

水剋火

水剋火的男人在「性」方面，有一種強烈的自尊心和自信心，所以妳千萬不要在性愛中採取主動的姿態，這對他來說是一種侮辱。他會很期待妳熱情的反應和熱情的言語。通常水剋火的男人對於性愛，是重視「激情」而不重視「技巧」的，如果妳想採取主動的話，記得要用溫柔的方式來引誘他，要永遠讓他覺得他才是個控制全局的人，而妳是一個熱情的配合者。

難搞指數	★
依賴指數	★★★★★★
野蠻指數	★★★
專情指數	★★★★★★
摳門指數	★★★★
龜毛指數	★★★★
潔癖指數	★★★★★
體貼指數	★★★★★★

火剋金 火剋金的男生最適合當老公，做什麼事情都講究實際，當談戀愛的時候，不懂如何討女生的歡心，更不懂要整天黏著妳，故意逗逗他他會面紅耳赤；火剋金的女性是端莊的淑女、賢妻良母的女人，她不喜歡浪費時間玩戀愛遊戲，她比較在乎我的父母親喜不喜歡他，他的長相、他的個性像不像我的爸爸，所以火剋金的女人往往找的對象，會是身邊熟悉的感覺，就像爸爸、哥哥一樣；火剋金的男女非常重視家人對異性的評價，想要娶火剋金的女人，必須岳家走得勤。

難搞指數	★★★★★★★★
依賴指數	★★★★★★
野蠻指數	★
專情指數	★★★★★★★★
摳門指數	★★
龜毛指數	★★★★★★★
潔癖指數	★★★★★★★★
體貼指數	★★★★★★★★

生宮

水生木

要與水生木的男生談戀愛，必須在他的朋友面前少開口、保持微笑，端莊的坐在他的身旁，不可以顯得呱噪，他比較不喜歡女強人型的老婆，尤其處處表現的優越，對水生木的男生來說，會有很大的壓力；水生木的女性往往家事做得非常差，喜歡嘰嘰喳喳的電話講個不停，在外面是個女強人，回到家中往往累得像黃臉婆一樣，如果你想要娶一個水生木的女孩子，千萬別要求她的家事要做得非常好，把你的生活要求標準降低吧！

難搞指數	★★★★★
依賴指數	★★★★★
野蠻指數	★★★★★★★
專情指數	★★★★
摳門指數	★
龜毛指數	★★★
潔癖指數	★
體貼指數	★★★

木生火 木生火的男生，當他想要跟妳交往時，比較不喜歡風花雪月似的愛情，他認為男人必須把事業做好，給妳一個優渥的生活條件，這才叫做男人，所以當他覺得他的戀愛穩定了，他再也不要甜言蜜語，伺候著女朋友，感情快速的退化，好像是一對結完婚的老夫老妻一樣，此時你最好沖杯熱茶、放個熱洗澡水，讓他享有被尊重的感覺；木生火的女性，是一個很願意學習溝通，為了愛人會盡量學習烹飪，刻意把自己變成一個愛家的女人，唯獨面對男方的姑嫂、婆媳問題處理的時候，常常會退縮，她最大的致命傷是不懂得附會別人，但她卻是一個賢妻良母。

難搞指數	★★
依賴指數	★★★★★★★
野蠻指數	★
專情指數	★★★★★★
摳門指數	★★★
龜毛指數	★★★
潔癖指數	★★★★★★
體貼指數	★★★★★★

2-51

火生土　火生土的男生，面對戀愛和婚姻是兩種截然不同的心情，心情好的時候，妳可以跟他撒嬌，心情不好的時候，妳跟他撒嬌，他會嫌妳囉嗦，他的牛脾氣特別多，一會兒像先生、一會兒像孩子、一會兒又像爸爸。火生土的男生，最討厭高談闊論的女子，尤其是難以忍受喜歡發表謬論的妻子，如果妳不學會看臉色，小心他會把妳三振出局。火生土的女生，天生就是一個大醋罈子，眼睛永遠容不下一粒沙子，常常以淚洗面，她心中的佔有慾非常強，不要背叛她，否則她會失望、憤怒，快速離開你，所以千萬別打破她的醋罈子，她的愛情佔有慾非常的強，她永遠會是一個忠貞的妻子。

難搞指數	★★★★
依賴指數	★★★★★★★★
野蠻指數	★★★★★
專情指數	★★★★★★★★
摳門指數	★★
龜毛指數	★★
潔癖指數	★★
體貼指數	★★★★

土生金　土生金的女性天生非常的浪漫，約會的時候，會重視她的服裝搭配。不要在她面前談論雙方的家事，及家中的父、母親，土生金的女性外表看似優雅，內心卻是不堪一擊的，在她的幼年或是成長過程當中，有一個不好的回憶，她很怕婚姻暴力，就像是一隻受驚嚇的小鹿，需要男生的照顧。土生金的男生，很好面子，喜歡在女朋友的面前吹噓自己的事業，如何日進斗金、如何買樂透賺大錢，其實他的內心是希望妳能重視他，當他的女朋友最好別在外人的面前批評他，引起他的憤怒與不安，如果妳學會乖乖的坐在他身旁，做一個最好的傾聽者，妳們的愛情才會有保障。

難搞指數	★★★★★
依賴指數	★★★
野蠻指數	★★★★★★
專情指數	★★★★
摳門指數	★★
龜毛指數	★★
潔癖指數	★
體貼指數	★★★★★

金生水

2-53

金生水的他喜歡妳跟他聊妳的事業、妳對人生的看法，而不喜歡妳整天跟他風花雪月談情說愛，他會覺得十分無趣，他的愛情觀偏向自由，喜歡輕鬆、淡淡的相處，愛他千萬別企圖綁住他，相處一段時日，他才會願意與你共度白首。金生水的女生冰雪聰明，在她所愛的男人面前會變成撒嬌的小女孩，若她不喜歡你，會冷得讓你感覺到害怕，其實她比較不喜歡做事不踏實的男子，她認為愛情的相處，必須是要有計畫的，也必須要有未來，她是在智慧中找尋對象。

難搞指數	★★★★
依賴指數	★★★★★★★★
野蠻指數	★★
專情指數	★★★★★★
摳門指數	★
龜毛指數	★★
潔癖指數	★★★★★
體貼指數	★★★★

平宮

平宮木 不要讓他老是陪你逛夜市，或帶著他跟你一群三姑六婆喝咖啡、吃飯，更不要在他面前像個歐巴桑，或是不了解目前台灣局勢，他會嚇跑的，平宮的男女會對婚姻產生落跑的心態，結婚不管一度還是二度不重要，「事業」、「財富」、「智慧」才是他要的，做他（她）的配偶需要節儉、需要心靈與他同在。

難搞指數	★★
依賴指數	★★
野蠻指數	★★★★
專情指數	★★★
摳門指數	★★
龜毛指數	★★
潔癖指數	★★★★★
體貼指數	★★★

平宮火

2-55

平宮火的男生，往往會把他自己的情緒及感情赤裸裸的表現出來，他內心非常的脆弱，很需要安全感。追求女生的時候，他很怕被拒絕，需要拿出很大的勇氣，他常常會假借工作與妳聊天，不經意的在電梯中與妳相遇，其實他已經緊張到手心出汗、心裡小鹿亂撞。妳不可以說他矮，也不可以說他衣服不乾淨，往往一句笑話會讓他馬上躲進盒子裡，不敢走出來。平宮火的女生，非常熱情，會主動的去追求對象，乍看之下好像是女追男，但交往一週後發現，你不是她所要的人，她會快速的閃開，電話永遠找不到她，所以平宮火戀愛相處的模式是來得快、去得也快。

難搞指數	★★★
依賴指數	★★★★★★
野蠻指數	★★
專情指數	★★★★
摳門指數	★★
龜毛指數	★
潔癖指數	★★★★★
體貼指數	★★★★★★

平宮土的男生喜歡炫耀自己，在一群男生當中他會炫耀他的女人美麗、聰明、溫柔、可愛、大方，他不怕娶一個女強人，他只怕他的女朋友被人家認為庸俗，如果妳想要跟他長久相處，千萬不要嘮嘮叨叨，這樣才能保有妳的愛情，學習當個傳統的小女人，在他心目中永遠是那個聽話的乖女人，這樣子的相處才會有美麗的結局。平宮土的女生，常常因為周遭的朋友婚姻不幸，對愛情莫名奇妙打上休止符，在裝扮上會比較中性。她的交往方式會是從哥兒們開始，每天叫著不結婚，其實她想把自己打扮成男生，在男生當中找尋理想的對象。

難搞指數	★★★★★
依賴指數	★★
野蠻指數	★★★★
專情指數	★★★
摳門指數	★★
龜毛指數	★★
潔癖指數	★
體貼指數	★★★★

平宮金

如果妳是林黛玉，妳就非常適合平宮金的男生，他天生喜歡小鳥依人、楚楚可憐的女子，平宮金的男子常常有英雄主義的思想，他認為女孩子就必須要待在家中、打理家事，做一個好的母親，不喜歡妳跟他唱反調。平宮金的女性，她很少纏綿悱惻，她是個精力旺盛的女子，在談戀愛的時候，她會告訴你，婚後柴米油鹽之類的事情，我不是那麼有興趣，如果我們不合早點說NO。對感情的處理方式是非常冷靜的，她不會委屈自己做一個失敗的婦人，她是一位在工作上非常有才華的女性，愛她就不要栓住她。

難搞指數	★★★★★★
依賴指數	★★
野蠻指數	★★★★★
專情指數	★★★★
摳門指數	★★
龜毛指數	★★★★
潔癖指數	★★
體貼指數	★★★★

平宮水的男生，戀愛中總是那麼彬彬有禮，滿腹的創業理想，雖然他長得並不怎麼帥，但是給人家的感覺好像是白馬王子一樣，妳常常因為他的未來計畫，幻想著我跟他會有好日子，其實太多的理想反而永遠無法達成。平宮水的男生，在戀愛當中，會發動主動的攻勢，讓女生毫無防備接受了他，眼光一直停留在他的身上，請不要被他美麗的謊言所欺騙。女人是水做的，這句話一點都不假，平宮水的女性，永遠需要被愛情呵護，當她天真的闖入情網之後，又覺得滿心失望，而每一段的戀情背後，總是讓她淚流滿面，她是天底下最不會吵架的女人，只會用哭的方式來紓解她的傷心。

難搞指數	★★★
依賴指數	★★★★★★★
野蠻指數	★★
專情指數	★★★★★★
摳門指數	★★
龜毛指數	★★
潔癖指數	★★★★★
體貼指數	★★★★★★★

她總是招蜂引蝶？

2-59

　　她全身燃燒著飢渴與狂熱，目標出現後成了天底下最溫柔的女人，常會製造與男仕單獨相處的機會，用善良純潔的演技欺騙了多少男人。本篇讓你一眼看穿你的她是怎樣的女人。

剋宮

花痴女個性全都露：金剋木的女生是那種會動手做愛心手工禮品的人，像是織圍巾、毛衣、愛心便當等等，要是有一天妳突然開始動手做手工藝的時候，嘿！嘿！妳八成已經開始談戀愛囉！

花痴女應對絕招：可別過份的做一大堆手工的愛心禮物送給對方，這樣子既浪費金錢又浪費時間，最怕的是對方不是把妳當成情人看待，而是把妳當成媽媽看待。

花痴嚴重指數：★★★★★★

木剋土

花痴女個性全都露： 木剋土的妳對喜歡的人，一點都不懂得隱藏，會直接向對方告白、表明心意，就算是屢敗屢戰也不會改變妳的態度。

花痴女應對絕招： 雖然這樣坦白、毫不做作的表現，會讓人一眼就看出妳在戀愛，不過太常跟不同的男孩子告白，可是會被別人笑你是花痴，也會讓對妳有意思的男孩子認為妳很花心。奉勸妳要看準目標，一出手就要手到擒來！

花痴嚴重指數：★★★★★

土剋水

花痴女個性全都露： 土剋水的女孩只要一談戀愛，就會表現得很明顯，經過喜歡的人身邊時，視線就會不自主跟著對方的身影轉。眼神中常常會顯露出甜蜜、幸福的樣子。

花痴女應對絕招： 別以為自己的戀情沒被發現，只要別人一看到妳盯著對方的身影不放，再白目的人也看得出來，此時的妳正沉溺在戀愛的世界中，但別忘了妳的身邊還有其他人！

花痴嚴重指數：★★★★

水剋火

花痴女個性全都露：水剋火的女孩在談戀愛的時候，整天都會
處在興奮的狀態下，就連走路也會不自覺
碰碰跳跳，那種得意洋洋、神采奕奕的神
情，就算是妳的另一半反應很冷漠，妳也
不會很在意的。

花痴女應對絕招：別自顧自的在那兒高興，要偶爾關心一下妳
的另一半，免得被對方嫌棄妳就像小孩子一
樣，喜歡他就要讓他跟妳一樣快樂才行。

花痴嚴重指數：★★★★★★

火剋金

花痴女個性全都露：火剋金的妳如果沒事會坐在窗邊發呆，還
不時臉紅、傻笑，任誰也都知道，妳已經
開始在談戀愛了，妳大概會一直處在幻想
的狀態下吧！

花痴女應對絕招：快擦一下妳那從嘴裡流出來的口水，那種看
著天空發呆、傻笑的個性要藏一下，不知道
的人還以為妳發神經呢！小心，如果妳的他
看見，會被妳的模樣嚇跑喔！

花痴嚴重指數：★★★★★★

生宮

 水生木

花痴女個性全都露：水生木的妳平常說話口沫橫飛，卻在心儀的男生面前講話吞吞吐吐、斷斷續續的，很難讓人不去猜測妳跟他的關係。

花痴女應對絕招：在他的面前不必故意裝做無所謂的樣子，讓自己放輕鬆、慢慢的把想說的話說出來，讓他看到妳自然的一面，相信他會被妳的魅力所吸引的。

花痴嚴重指數：★★★★

 木生火

花痴女個性全都露：平常文文靜靜的木生火女性，一旦忽然大聲說想要去狂歡，情緒時常處於興奮的狀態下，有可能是正在戀愛中喔！

花痴女應對絕招：情緒變化起伏這麼大，小心別讓對方知道，還以為之前文靜的妳是故意裝出來的，這樣子會讓對方開始慢慢討厭妳喔！

花痴嚴重指數：★★★★★★

火生土

花痴女個性全都露：平常默默的躲在人群中的火生土女性，一
但開始談戀愛就會覺得渾身是勁、衝勁十
足，撞得滿頭包也不自覺，對談戀愛這回
事千萬別急，慢工才能出細活。

花痴女應對絕招：正面、反面極度相反的火生土女性，要多收
斂一下自己的情緒，免得讓對方認為妳就像
一片口香糖一樣，食之無味、棄之可惜，別
人可能會認為是妳在倒追他喔！

花痴嚴重指數：★★★★★★

土生金

花痴女個性全都露：土生金的妳對待另一半可說是用盡心力去
呵護，不管是衣、食、住、行通通都要
管，太過於主動會讓別人覺得奇怪，要說
妳對他沒有意思，也沒有人會相信吧！

花痴女應對絕招：別像老媽子一樣對他管東管西的，不管是吃
的、穿的、用的妳都有意見，小心對方還沒
喜歡妳就開始覺得妳很煩。

花痴嚴重指數：★★★★

金生水

花痴女個性全都露：金生水的妳開始注重打扮，沒事喜歡逛
街、買衣服，會有這種情形出現，大概只
有正在戀愛中的妳才會這樣子吧！

花痴女應對絕招：小心花錢花太多變成一個敗家女，男人看見
了也會被嚇跑的，到時候就算打扮得再漂
亮，也沒有人看囉！

花痴嚴重指數：★★★★

平宮

平宮木

2-65

花痴女個性全都露：平宮木的妳忽然出門帶起鏡子，甚至在路上看到鏡子也會停下來看一看，這種反常到接近自戀的行為，很難不讓別人聯想到，妳是不是正在談戀愛。

花痴女應對絕招：別只光顧著自己的外表，也該多充實自己的內涵，一個虛有其表的女人，是不會有男人喜歡的，想要讓妳的他愛上妳，除了在外表上下工夫，內在也要多多充實。

花痴嚴重指數：★★★★★★

平宮火

花痴女個性全都露：正在談戀愛的平宮火人，乍看之下沒有什麼不同，仔細觀察就會發現妳常常心不在焉，腦袋裡也不知道在想什麼。

花痴女應對絕招：別一直活在妳的幻想世界裡，現實的生活也要多多注意，太過於夢幻可能會讓對方覺得妳很幼稚，畢竟妳不是小說或漫畫裡的男女主角。

花痴嚴重指數：★★★★★

平宮土

花痴女個性全都露：平常不喜歡出鋒頭的妳，忽然喜歡參加大大小小的社交活動，而且會表現出一副很善於交際的樣子，其實妳最終的目的應該是想吸引他的注意吧！

花痴女應對絕招：適當的表現自己，去吸引對方注意也是種不錯的方式，但切記別像隻花蝴蝶似的飛來飛去，免得被對方認為你是一個用情不專的女人喔！

花痴嚴重指數：★★★★★

平宮金

花痴女個性全都露：平宮金的妳是一個沒辦法藏住秘密的人，就算妳死不承認跟他正在交往，但是從妳驚慌失措、過度反應的表現來看，還是一目暸然。

花痴女應對絕招：別東怕西怕的，真的在交往就大聲說出來，偷偷摸摸的反而會讓人覺得「此地無銀三百兩」，又不是這段感情見不得人，大方說出來接受大家的祝福不也很好嗎？

花痴嚴重指數：★★★★★

平宮水

2-67

花痴女個性全都露：平宮水的妳平時就十分熱心助人，對於別人的請求往往是來者不拒，如果有一天妳開始拒絕別人的邀約，反而每天匆匆忙忙的離開，除了妳心愛的他有這種魅力，還有誰能讓妳這麼迫不急待的想見面。

花痴女應對絕招：偶爾也要常跟朋友聯絡、出去逛逛街，免得被人笑是「有異性、沒人性」，別忘了在妳最低潮的時候，除了家人的關心，朋友的幫助也是很重要的。

花痴嚴重指數：★★★★★

他總是左右逢源？

　　在校園當中常發現越來越多的花心大蘿蔔，同時腳踏N條船。想知道你的他花不花心？他的抗誘惑指數是多少呢？請你仔細觀察這個篇章，千萬不要交到花心大蘿蔔。

剋宮

劈腿情形解析：金剋木的男生通常都不會腳踏多條船，為什麼呢？其實他非常想，且哈的要命，但是他心裡怕受傷，對他來講如果事情萬一爆開之後，家庭及社會會用什麼眼光來看，他會非常擔心後果。

花心蘿蔔應對絕招：金剋木男性，當他常常坐著發呆、偶爾傻笑，就表示最近他對別的異性有興趣，妳只要耐心陪他，對他說些該去看看公婆了，他的花心立刻收回，因為道德心重的男性會回到妳身旁。

花心指數	★
抗誘惑指數	★

木剋土

劈腿情形解析：木剋土的男生非常會腳踏多條船，為什麼呢？因為木剋土的男人心中道德標準和一般人不一樣。蓋棉被純聊天他認為沒關係，如果對方正在傷心，我抱抱她、吻吻她，也無所謂。木剋土的男生道德標準比較低但是他絕對不是故意這樣做，他們只是認為，這樣做並不會傷害到別人，也不會傷害到他自己，何樂而不為呢？

花心蘿蔔應對絕招：木剋土男性，千萬別放他獨自一個人外出，他出軌率很高。

花心指數	★★★★
抗誘惑指數	★★★★★

土剋水

劈腿情形解析：土剋水的男生一般都被認為非常花心，他們的確如此，也常腳踏多條船。記憶力特別好，時間管理一流，他與A小姐約會時，若接到來自B小姐的曖昧電話時，也能處理得十分合宜。內心十分自私且矛盾，認為自己很厲害，喜歡找刺激，在危險中找尋自己的男性魅力。

花心蘿蔔應對絕招：家花哪有野花香，正是他的最佳寫照，要抓住他的心，最重要的方法，就是學學蕭薔每天把自己打扮得漂漂亮亮，告訴他某男性送花、送化妝品給妳，不斷假設有人追，花心的他深怕帶綠帽子，乾脆重心轉移，反而把妳當個寶。

花心指數	★★★★★
抗誘惑指數	★★★★

水剋火

劈腿情形解析：水剋火的男人基本上來說是不會腳踏多條船，但是水剋火的人非常的衝動，而且非常容易被騙，如果女方有心要色誘他的話，他可能會一時迷惑。不過水剋火男人的熱情來得快去得快，就算他一時被外面的野花野草給迷惑了，他還是會很快回來找你。

花心蘿蔔應對絕招：水剋火男性最怕得性病，更怕留下他的種，對付他最好的辦法就是跟他討論得了性病有多慘，或是把他榨乾。

花心指數	★★★
抗誘惑指數	★★

火剋金

劈腿情形解析：火剋金的男生通常不會腳踏多條船，對火剋金的人而言，忠於一段感情是非常重要的，面對飛來的豔福時，他除了因為忠於感情的緣故而不敢逾矩之外，他心裡還非常的害怕，懷疑別人為什麼要對他那麼好？因此外面對他太主動的女人，他會小生怕怕不敢腳踏多條船。

花心蘿蔔應對絕招：火剋金的男性通常花心率不高，他認為天底下只有老婆最好，嫁給他十分安全，當他有一點風吹草動的時候，別忘了一定要陪他吃晚飯，出奇不意的去他公司走一走，嚇一嚇他。

花心指數	★★★
抗誘惑指數	★★★★★

生宮

劈腿情形解析： 水生木的男人很容易腳踏多條船，他並不是為了好色，只是因為這樣子可以顯現出他是一個很有魅力的男人。

花心蘿蔔應對絕招： 水生木的男性，天生喜歡遊戲人間，當他花心時，別忘了告訴他總有一天他會是中國最後一個太監，這個男人天生禁不起嚇的。

花心指數	★★★★★★★★
抗誘惑指數	★★

劈腿情形解析： 木生火的人做什麼事情都會想很多，對腳踏多條船這件事情他都會想後果，他會想到這件事情，對他未來五年、十年有何影響。還會衡量利弊得失。左思右想的結果，當初勾引他的人，早就沒有興致了。而且不管是多麼熱情的誘因，只要在他這樣的分析評量之下，熱情早就冷卻，所以說，他是一個非常安全的男人。

花心蘿蔔應對絕招：木生火的男人，當他花心時，妳只需要告訴他：「男人，一生當中事業順心，才叫有面子，我們來看看哪裡有好的房子。」

花心指數	★★★
抗誘惑指數	★★★★★★

劈腿情形解析：火生土的男生通常不會腳踏多條船，如果他愛上一個人，就會對她百分之百的投入，同樣的他也要求對方對他百分之百的投入。他在顧及對方的同時，不但希望介入對方的生活，還想介入對方的心靈，這麼一來，他守著一個人都來不及了，哪有多餘的時間顧及其他。而且他有戀愛上的潔癖，因此他對愛情這回事，可是相當專一呢！

花心蘿蔔應對絕招：火生土的男性基本上非常愛家，他不會有花心的念頭，喜歡平靜的家居生活，當他離婚後反而會變成不婚族，家人永遠是他的最愛，除非妳無理取鬧，他不會輕言分手。

花心指數	★★★
抗誘惑指數	★★★★★★

土生金

劈腿情形解析：土生金的男生非常會腳踏多條船，他有一點刻意腳踏多條船，藉此證明自己很有人緣，對他來講朋友和情人的界線很模糊；紅粉知己和好朋友只有一線之隔，常常會在不知不覺中腳踏多條船。他們非常會狡辯，總是說他們之間是純友誼，其實天知道。

花心蘿蔔應對絕招：土生金的男性喜歡戀愛的感覺，要抓住他的心要費很大的功夫，首先妳要學會獨立，對方永遠若即若離的態度也要適應。讓他知道妳也有異性欣賞，也有純友誼的哥兒們，他才會回頭來看看，原來家花也不比野花差。

花心指數	★★★★★★★
抗誘惑指數	★★

金生水

2-75

劈腿情形解析：金生水的人多半比較出世，不拘泥於形式，若依照世俗的標準來看，純情指數通常不高，他要的愛情是好玩型的，除非這個對象一直能夠引起他的好奇，才有可能繼續維持下去。對你就算沒有慾望了，也會保持著友誼，不會打壞彼此的關係。

花心蘿蔔應對絕招：自古花心的男子永遠口才佳，常用花言巧語來哄騙女孩子，所以要特別注意他的手機及電話帳單，當他有藏帳單的動作時，一定有鬼，他花心妳一定要單刀直入找對方談判，告訴對方她是妨害家庭的第三者，妳潑辣的動作往往會斷止他的花心。

花心指數	★★★★★★★
抗誘惑指數	★★

平宮

平宮木

劈腿情形解析：平宮木的婚姻觀念很弱，他們屬於衝動型的，花心是因為有太多美好的女人讓他們欣賞，不看白不看，而且談戀愛不就是男人三大成就之一嗎？

花心蘿蔔應對絕招：平宮木的人要嘛一輩子單身，要嘛就結婚，對老婆大人一點辦法都沒有，他常認為家中有母老虎，為什麼老婆不是小鳥依人，花心對他來說可能性很小，只有在婚姻中得不到安全感，寧可一輩子都孤單，所以要讓他不花心，唯一方法是把自己變成小綿羊。

花心指數	★★★★★
抗誘惑指數	★★★★★

平宮火

2-77

劈腿情形解析： 平宮火算是愛家庭的男性，不過熱度多半只能維持個三分鐘，沒有持續力。他們喜歡追逐獵物，通常要俊男美女才能夠引起他們的興趣。當感覺對的時候，他們可以瞬間燃燒，一旦有新的獵物出現，他的熱情馬上轉移。

花心蘿蔔應對絕招： 常常看到平宮火的男性最欣賞檳榔辣妹，有事沒事往檳榔攤去欣賞一番，對付他的絕招，就是學學檳榔妹打扮成可愛的女人，讓他永遠無法移情別戀。

花心指數	★★★★★★
抗誘惑指數	★★★★★

平宮土

劈腿情形解析：平宮土的男生很容易腳踏多條船，他們非常享受那種受歡迎的滋味，也非常喜歡去討好每個人，在朋友當中是公認的好好先生，他希望每個人都很喜歡他。當有異性對他表示好感的時候，他不但不知道如何拒絕，還怕會傷害人家，在這樣的情況下，非常容易就形成劈腿的局面。遇上這樣麻煩的事情時，他會不知道該如何解決，而採取逃避的態度，但是越逃避，別人追得他更緊，等到最後東窗事發，就很難收拾了。

花心蘿蔔應對絕招：平宮土的男性，在婚姻處理中，常會無心出軌，遇到老婆發脾氣時，只會裝著一付傻呼呼的樣子不肯認錯，當老婆氣消後又覺得反正我又沒答應老婆從今天起再也不出軌。對於他的精神外遇，可行的方式就是離家出走，丟下兒女讓他知道妳的重要，且必須懂得財務獨立，在離家出走前，先準備好足夠的費用。

花心指數	★★★★★★★
抗誘惑指數	★★

平宮金

劈腿情形解析：平宮金的男人通常不會腳踏多條船，為什麼
呢？因為對他來講，他跟妳交往的目的就是要
娶妳；因此對他來講，如果是腳踏多條船或是
花心，這樣的做法是十分不划算的。腳踏多條
船不但讓他覺得太累、太花時間、太花精力、
而且也太划不來了。因此基於實際面的考量，
他通常都不會腳踏多條船。

花心蘿蔔應對絕招：平宮金的男人如同一個長不大的小孩，永
遠跟兒女打成一片，他認為我生出的兒女
比別人強，假設不小心有其他異性在倒追
他時，不妨叫兒女去纏著他，因為天底下
只有兒女可以把他找回來。

花心指數	★★★
抗誘惑指數	★★★★

平宮水

劈腿情形解析：平宮水的男人通常腳踏多條船的機率非常高，
　　　　　　　　　其實他也不是故意的，只是他非常的有同情
　　　　　　　　　心，基於由憐生愛的原因，剛開始只是同情對
　　　　　　　　　方、照顧對方，覺得對方很可憐需要呵護，沒
　　　　　　　　　想到照顧到後來居然動了真情。因此平宮水的
　　　　　　　　　婚姻中，常常會在結婚十年或十八年後離婚。

花心蘿蔔應對絕招：平宮水的人當你問他你花心嗎？他絕對說
　　　　　　　　　　沒有，婚姻一開始他全心全意做個好男
　　　　　　　　　　人，婚後依然如此，只不過當他有一天忽
　　　　　　　　　　然厭倦這種生活，他會尋找片刻自由，他
　　　　　　　　　　的花心完全無預警，如果妳想讓一個不花
　　　　　　　　　　心的人不離妳而去，唯一方法就是跟著
　　　　　　　　　　他，並培養相同的興趣。

花心指數	★★★★★
抗誘惑指數	★★

未婚想婚怎麼辦？

　　每個少女在未結婚之前都希望談一個轟轟烈烈的戀愛，認為感情當中要有起起伏伏才叫做愛情，其實這個觀點是完全錯誤，結婚是兩個家庭共同融合成為一個家庭，在戀愛初期妳必須學著如何與對方的父母親相處，為對方的立場設想，融入對方的家庭，男方必須有強烈的家庭觀念及事業的企圖心。

　　對婚姻的期盼不要太高，現實生活中先生可能經常案牘勞形，太太每天蓬頭垢面在家庭與工作當中打轉，等到婚後十年或廿年後，就能體會到什麼叫「生死相許，榮辱與共，同甘共苦」。

剋宮

金剋木 金剋木的女性有如一位高貴又高傲的貴族，讓異性不敢接近，其實妳的內心十分渴望愛情，常會為優美的音樂、柔和的燈光卸下妳偽裝的面具，只要有一位男性個性開朗，就可以改變妳原先的高傲，一下子陷入愛的陷阱無法自拔，婚前的妳與婚後的妳判若兩人，因此千萬記得看清楚再投入，妳很有可能變成婚姻中的「阿信」。

婚姻運勢解析

每年夏季是戀愛季節的開始。千萬別急著發生肉體關係。妳可以在房間裡放一些銀色的裝飾品，如果妳已經有喜歡的人，可以把妳和他的合照放在床頭，最好用銀色的相框。

婚姻觀成熟指數	★★★★★★★
婚後圓滿指數	★★★★★★★
婚姻穩定指數	★★★★★★★
婚後配偶外遇危險指數	★

木剋土 木剋土的女人有一點多疑，她會很想知道你所有的秘密，而且她無法忍受你一絲絲的隱瞞，更別說是欺騙，要騙她可不是一件容易的事。

婚姻運勢解析

不管是婚前或是婚後，你們都很重視對方，對彼此也非常的信賴和尊重，但是有時候在溝通上常會有衝突發生。你很重視愛情，但是卻沒有勇氣去面對愛情，建議將你的床頭朝向南方擺置，可以讓個性變得比較積極，也可以在床附近放一盞小夜燈，效果會更好。

婚姻觀成熟指數	★★★★
婚後圓滿指數	★★★
婚姻穩定指數	★★
婚後配偶外遇危險指數	★★★★★★

土剋水 與生俱來擁有神秘魅力的土剋水女人，常會被其他女性視為愛情的威脅者，她的長相並不一定很美，但是一舉手、一投足，就是會有讓男人意亂情迷的魔力，就像是有著一種能激發男人內心深處原始慾望的力量。

婚姻運勢解析

黃色水晶可以改善你過多的桃花運，為你帶來財運。

婚姻觀成熟指數	★★★★
婚後圓滿指數	★★★★
婚姻穩定指數	★★★
婚後配偶外遇危險指數	★★★★★★★

水剋火　水剋火的男性可說是男人中的男人，他喜歡大自然及運動，喜歡全家開著休旅車到處遊玩，更喜歡跟小朋友打成一片，一旦家裡發生問題時，他一定會勇敢的站出來解決；水剋火的女人樂觀、大方、又很熱心，她有種迷人的特性，很容易吸引別人的注意，而且人際關係很好，會為了把快樂帶給家人而不斷努力的朝目標前進。

婚姻運勢解析

在西南方放一面大鏡子，在鏡子上放一個小香包，可增強異性緣，另外將一小袋粉晶放在衣櫃裡，可以把你愛情路上的阻礙除去。

婚姻觀成熟指數	★★★
婚後圓滿指數	★★★★★
婚姻穩定指數	★★★★★
婚後配偶外遇危險指數	★★★★

火剋金

火剋金的男人對藝術有很好的鑑賞能力，對愛情要求完全投入，當有女友時會十分依賴女友，什麼事情最好女友能為他做好，連一杯水、一件衣服都要女友服務，這樣子才有安全感；火剋金的女人喜歡把自己打扮得整整齊齊的，對於家裡的佈置也很講究，在感情方面是很多愁善感的，常常回憶過去，對未來也充滿幻想，對人很挑剔，缺乏寬容的心。

婚姻運勢解析

很多異性會覺得你的個性有點嚴肅、不太好相處，你可以把房間佈置成米色調，燈光換成黃色調，讓你的房間充滿溫馨的感覺，桃花運也會增強喔！

婚姻觀成熟指數	★★★★★★★
婚後圓滿指數	★★★★★★★
婚姻穩定指數	★★★★★★★
婚後配偶外遇危險指數	★

生宮

水生木 水生木的男人很樂觀，但是千萬別潑他冷水，尤其是當他在對妳說出他的人生目標及規畫的時候，妳一定要耐心聽，千萬別打斷他的夢，因為他喜歡做英雄，太好強的女人會讓他逃之夭夭；如果想要成為水生木女人的情人，要先從朋友做起，她的愛情常常都是從友誼開始發展的，她不喜歡什麼事情都由別人安排好，喜歡追求自由、個性獨立，是會對自己行為負責的女人。

婚姻運勢解析

如果想要增加你的戀愛運，可以把音響放在床的旁邊，在睡覺時聽聽音樂，可以放鬆你的思緒；也可以將浴室漆成粉紅色的，一邊洗澡，一邊吸取愛情的能量。

婚姻觀成熟指數	★★★★★
婚後圓滿指數	★★★★★
婚姻穩定指數	★★★★★
婚後配偶外遇危險指數	★★★★

木生火

木生火的男人很溫柔、體貼，但是缺少了一點點浪漫的感覺，大部份的木生火男人對婚姻沒什麼興趣，婚後的木生火男人最受不了三姑六婆的配偶，就算妳的家事做得不好，他也不會很挑剔，只要妳未來的公婆喜歡妳就可以了，他的好奇心很重，讓他走進禮堂的最好方法，就是想辦法讓他對婚姻感到好奇；木生火的女人喜歡有智慧、有風度的男人，那些佔有慾太強、太保守的人都不適合她，當她發現你有劈腿行為時，她會選擇遠離對方，絕不留戀，喜歡追求自由，婚後給她一些私人的空間和時間，是維持感情很好的方法。

婚姻運勢解析

你對愛情是很有主見的，白色和米白色是你的戀愛桃花色，家裡的窗戶要常開，窗簾以天藍色的最佳，放一盞米色的小夜燈，可以增加你的魅力。

婚姻觀成熟指數	★★★★★
婚後圓滿指數	★★★★★
婚姻穩定指數	★★★★★
婚後配偶外遇危險指數	★★★★

火生土 　火生土的男人很重視家庭生活，通常會找賢妻良母型的女人當配偶，想成為火生土的老婆只要讓他的家人喜歡妳，妳成功的機會就增加了一大半，活潑、開朗的女性不能吸引他的注意，他對婚姻的態度是很忠實的，如果離了婚，很可能終身不再娶，所有生宮的男性對婚姻常常保持著逃兵的心態；火生土的女人很實際，對自己很沒信心、缺乏安全感，談戀愛時永遠屬於被動的一方，婚後是一個好妻子，想追她就討好她家人，千萬別批評她的家人，她會跟你翻臉。

婚姻運勢解析

　　平常穿著紅色或紫色系的衣服，可以加強你吸引異性的魅力喔！

婚姻觀成熟指數	★★★★★
婚後圓滿指數	★★★★★
婚姻穩定指數	★★★★★
婚後配偶外遇危險指數	★★★★

土生金

土生金的男人很難接受一個粗心大意、又沒有智慧的女人，他最討厭女人亂花錢，買什麼名牌商品，他對感情是慢慢累積的，妳要先有讓他喜歡妳的條件，他才會很明確的表達他對妳的感情和未來的計畫。土生金的男人佔有慾很強，對他而言，想做他女友就必須斷絕所有男人，尤其在他面前絕對不可以跟別的男人說太久的電話，因為他隨時隨地都會吃醋；土生金的女人很難接受笨手笨腳的人，對一切事情都要求完美，如果想要吸引她的注意，要先把自己的外表打扮的整整齊齊，婚後她會把家裡整理的井井有條，如果你把她的生活秩序打亂了，她可是會很生氣的。

婚姻運勢解析

你對愛情總是太過於緊張，可以在床的前面鋪一塊波斯的小地毯，在房間裡噴一些香水，窗帘用紅色的絲帶綁成蝴蝶結，可以讓你更吸引人喔！

婚姻觀成熟指數	★★★★★
婚後圓滿指數	★★★★★
婚姻穩定指數	★★★★
婚後配偶外遇危險指數	★★★★★

金生水 金生水的男人很善變的，常會因為一個忽然興起的念頭，而改變原先計畫好的內容，不要整天都只想跟他黏在一起談情說愛，他會覺得很無趣的，他喜歡有智慧、有見識的女人，喜歡追求自由，不喜歡被束縛；金生水的女人熱愛事業、常常加班，在工作上往往受到上司欣賞，愛情學分則往往是零分，其實，她外表是女強人，內心卻十分孤單，想追她很容易，只要不定時送她一枝玫瑰花就能追到她，當你把她娶回家時，才發現原來你娶到一個寶，因為她永遠讓配偶少奮鬥十年。

婚姻運勢解析

　　乾淨、有香味的地方比較容易有桃花星出現，所以你可以在你的房間插一隻香水百合，常常保持清潔，可能會有意想不到的效果出現喔！

婚姻觀成熟指數	★★★★★
婚後圓滿指數	★★★★★
婚姻穩定指數	★★★★
婚後配偶外遇危險指數	★★★★★

平宮

平宮木　　平宮木的男人屬於居家型的，對家人的佔有慾很強烈，對婚姻和戀愛是兩種不同的感覺，他比較喜歡賢妻良母型的女人，對於行為開放的女人，他可是不想浪費時間玩愛情遊戲；平宮木的女人對婚姻的要求是忠實，對於感情的佔有慾很強烈，會無法接受別人的背叛，她的脾氣很溫和，但是一旦惹她生氣，就會像火山爆發一樣，一發不可收拾。

婚姻運勢解析

　　想增加戀愛運，可以戴有玉墜飾的項鍊，它的長度最好到胸前的位置，可讓你的姻緣早現，假寶石的項鍊是會讓你的運氣變差的。

婚姻觀成熟指數	★★★★
婚後圓滿指數	★★★
婚姻穩定指數	★★★
婚後配偶外遇危險指數	★★★★★

平宮火　　平宮火的男人有種天生的優越感，當事業不順時老婆就變成出氣筒，他事業順時卻是天底下最好的男人；平宮火的女性很大方、個性很有正義感、人際關係很好，天生就有一種特別的吸引力，容易吸引別人的注意，婚前像個男人婆，婚後卻是十分好的女人，家中少了她就沒有樂趣。

婚姻運勢解析

可以在書桌的左上角（旺男性緣）或右上角（旺女性緣）放一個綠色的花瓶，或放一枝香水百合花，會招來桃花運喔！

婚姻觀成熟指數	★★★★
婚後圓滿指數	★★★
婚姻穩定指數	★★
婚後配偶外遇危險指數	★★★★★★

平宮土　平宮土的男人屬於居家型的，喜歡做家事，在感情上很情緒化、很敏感，哭和撒嬌是對付他最好的辦法，但別跟他硬碰硬，那只會讓情況更嚴重，平宮土的男人很念舊，就算是一件舊衣服，他也捨不得丟；平宮土的女人很沒有安全感，常常會因為你無心的一句話，就哭得唏瀝嘩啦的，她的情緒很多變，常會為了一些小事而感傷，例如你很久沒有擁抱她，或是跟別的女人說話的口氣很溫柔，這都會讓她覺得你是不是不愛她了。

婚姻運勢解析

想要提升戀愛運，可以在食指戴上銀飾，鑲珍珠的戒指，當然最好找對新人在新婚當天摸你的戒指，這樣你會早日找到妳的他。

2-93

婚姻觀成熟指數	★★★★
婚後圓滿指數	★★★
婚姻穩定指數	★★★
婚後配偶外遇危險指數	★★★★★★★

平宮金

平宮金的男人很有禮貌而且很有智慧，不會跟人有正面的衝突，會盡可能的迴避，平宮金的男人很有人緣，尤其受異性的歡迎，但有點懶散、好賭、依賴心強，婚後什麼事都要由配偶來決定，不太會管教小孩子，對平宮金的男人來說，婚後家居生活是一種享受；平宮金的女人在人際關係上也很不錯，天生就有種優雅的氣質，婚後的平宮金女人在家事方面是很懶散的，對小孩子都是以自由發展的方式教導，依賴心也很重，很少能獨立自主。

婚姻運勢解析

如果你的另一半對你總是愛理不理的，你可以在房間的東南方插上一枝香水百合或用綠色盆栽代替，可以增加你的吸引力喔！

婚姻觀成熟指數	★★★★
婚後圓滿指數	★★
婚姻穩定指數	★★★
婚後配偶外遇危險指數	★★★★★★★

平宮水的男人有種貴族的氣息，懂得在什麼樣的場合做適時的打扮，給人一種風度翩翩、穩重踏實的感覺，其實他是很善變的，很容易墜入情網。平宮水的男人對小孩有求必應，不懂得如何處理小孩子的教育問題，很容易寵壞小孩子；平宮水的女人喜歡自由、好奇心重，常常想到處流浪尋找新奇的事物，不要太過於約束她的自由，否則她寧願放棄婚姻，平宮水的女人沒有金錢概念，千萬別讓他管理財務，月初發薪，月中就沒有錢，剩下的時間就靠借貸過日子了。

婚姻運勢解析

你的桃花幸運色是藍色，可以到海邊撿些貝殼放在床邊，也可以用小玻璃瓶裝一點細沙當裝飾品，這樣都可以增加你的桃花運。

婚姻觀成熟指數	★★★★
婚後圓滿指數	★★
婚姻穩定指數	★★★
婚後配偶外遇危險指數	★★★★★★

美好姻緣何時現？

你相信有一見鍾情嗎，不管你相不相信，這個世界上真的有一見鐘情，在命理諮詢當中，有許多命定是夫妻的緣份，當他們第一次相遇時，剎那之間天雷勾動地火、山盟海誓的情節就會發生。

當你在找尋婚姻中的另外一半時，你有沒有發現到他的生活習性，及長像跟你有雷同之處，這樣的婚姻才能白頭偕老，至於何時會結婚？往往從20歲～65歲都是結婚年。

剋宮

金剋木

桃花指數分析

年(西元) 地格〔桃花指數〕	2004	2005	2006	2007	2008	2009	2010	2011
1	4	4	5	3	6	3	3	7
2	3	3	3	5	3	6	3	3
7	6	3	3	3	7	4	4	3
8	5	3	6	3	3	7	3	4

結婚時節大預言： 你喜歡中國傳統婚禮，你認為媒人、喜餅、婚禮所有的禮數皆要規規矩矩的，為雙方父母留下好的名聲，你很懂得尊敬長輩說的話，希望婚姻在眾人祝福中進行，結婚年齡約25歲至35歲。

胡老師叮嚀： 婚姻生活中要學會愛雙方長輩，扮演好女婿、好媳婦。金剋木的老公是十分慷慨、熱情的人，但也很粗心大意，請看緊他的錢包。

木剋土

桃花指數分析

年(西元) 桃花指數 地格	2004	2005	2006	2007	2008	2009	2010	2011
1	4	4	5	3	6	3	3	7
2	3	4	4	5	3	6	3	3
5	3	3	7	3	4	4	5	3
6	6	3	3	7	3	4	4	5

結婚時節大預言：妳渴望的婚禮是既隆重又傳統的，但是雙方的家長在此時會有很多的意見，弄得妳們這對新婚夫妻烏煙瘴氣的。這時，請耐下心來，好好跟雙方父母親溝通，畢竟婚後的生活才最重要，建議妳不妨公證結婚或參加集團結婚，省下不必要的麻煩，結婚年齡約在23歲至28歲。

胡老師叮嚀：木剋土的男人醋勁很大，一旦不小心激起他嫉妒的心，很難平息。不過木剋土的男人都很沒有定力，如果妳決定嫁給木剋土的男人，一定要記得，絕對不要想控制他，要兒子、女兒打電話給他，唯有親情才能把他找回來；和木剋土的老婆相處，一定要對她誠實，她雖然醋勁很大，但是只要你對她誠實，她還不至於發很大的火，一但她發現你欺騙她，你會在她面前抬不起頭來。

土剋水

桃花指數分析

年(西元) 地格 桃花指數	2004	2005	2006	2007	2008	2009	2010	2011
5	3	3	7	3	4	3	5	3
6	6	3	3	7	3	4	4	5
9	4	5	3	6	3	3	7	3

結婚時節大預言： 妳的婚禮會十分愉快的進行，當妳結婚時，有許多異性會偷偷流淚，感嘆新郎不是我。在喜宴方面，妳比較傾向西式的婚禮，希望鮮花佈滿整個場所，並希望婚宴後馬上飛到異國去度假。妳的結婚年齡會非常的早，像妳這樣美麗的女性，怎麼可能留到老姑婆。

胡老師叮嚀： 土剋水的老公能一心多用但是卻不花心，很多人都把土剋水的男人當做是婚姻殺手，因為能一心多用的關係，讓人覺得他善於說謊，其實因為長相英俊、口才佳又風趣，當然婚後多年依舊有人欣賞，不妨對他寬容點，陪他外出昭告天下的女性死了這條心吧！土剋水的老婆給人一種不安於室的感覺，她會為了求得新的知識，而不惜付出任何代價，畢業後多年再進修只是她追求知識的一種方法。

水剋火

桃花指數分析

年(西元) 地格 桃花指數	2004	2005	2006	2007	2008	2009	2010	2011
9	3	7	3	4	4	5	3	6
3	7	3	4	4	5	3	6	3
4	3	7	3	4	4	5	3	6

結婚時節大預言： 被愛情衝昏頭時，管它什麼結婚禮俗，最好能免則免。但婚後卻開始計較為什麼沒有拍婚紗照、為什麼沒宴客之類的，所以當土剋水的人有了想婚的念頭，請先冷靜下來好好想想，別讓自己後悔。結婚年齡約在16歲至25歲。

胡老師叮嚀： 水剋火的老婆很有主見，不喜歡當小配角，老公要在家裡留給她一些發揮的空間，不要去干涉她的想法，不管做什麼決定，最好多聽聽老婆大人的意見，保證執行效率一流；很多人都以為水剋火的老公脾氣很壞，其實他們的脾氣主要針對事業，他對自己的要求很高，永遠都在忙著追求最高的目標，水剋火的男人也有點大男人主義，如果有困難發生，是不願意接受別人的同情，甚至幫忙的。

火剋金

桃花指數分析

年(西元) 地格 桃花指數	2004	2005	2006	2007	2008	2009	2010	2011
3	7	3	4	4	5	3	6	3
4	3	7	3	4	4	5	3	6
7	3	6	3	3	7	3	4	4
8	5	3	6	3	3	7	3	4

結婚時節大預言： 火剋金的女性屬孤芳自賞型，通常會躲在家中祈禱真命天子的降臨，當真命天子出現時，你的母親會特別難搞，結婚的大小事情，往往因為長輩的原因，讓你興起乾脆別結婚的念頭。這個時候你必須耐著性子，耐心的處理結婚的大小事宜，小心煮熟的鴨子全飛了。你的結婚年齡，在所有的姻婚宮中算是最晚的，約在28歲至35歲。

胡老師叮嚀： 火剋金的老婆很敏感善變，她很愛家、很喜歡小孩子，喜歡黏著配偶跟進跟出的，有時候卻又喜歡一個人獨處；火剋金的老公很好養，他是那種吃苦耐勞型的人，不過一旦惹他生氣，可是會一發不可收拾，他有點缺乏安全感，也怕失去自尊，最不喜歡會黏人的老婆喔！

生宮

桃花指數分析

年(西元) 地格　桃花指數	2004	2005	2006	2007	2008	2009	2010	2011
9	4	5	3	6	3	3	7	3
1	4	4	5	3	6	3	3	7
2	3	4	4	5	3	6	3	3

結婚時節大預言： 天生愛交際的你認為結婚不好好的海撈一筆，那多可惜呀！所以你會列出一大堆請客名單，最好能請上一百桌，至於在何地辦喜酒呢？如何省錢又有面子？你會比較傾向於那種有歌舞表演的婚宴，小心婚宴結束後男女雙方會為了紅包如何分而爭吵。結婚的年齡約在20歲至22歲。

胡老師叮嚀： 水生木的老公天生帶叛逆的味道，小時候不喜歡聽父母嘮叨，結婚後也不喜歡強悍的老婆，要怎麼樣使他們對妳服服貼貼的，最好的方法就是讓他自由，讓他可以去做自己想要做的事；水生木的老婆有時候有點粗心大意，對自己的未來沒有什麼規畫，不喜歡被家事、孩子約束，太多家庭瑣碎的事，會讓她覺得煩悶，她需要有自由的空間可以做自己想做的事。

木生火

桃花指數分析

年(西元) 地格 桃花指數	2004	2005	2006	2007	2008	2009	2010	2011
1	4	4	5	3	6	3	3	7
2	3	4	4	5	3	6	3	3
3	7	3	4	4	5	3	6	3
4	3	7	3	4	4	5	3	2

結婚時節大預言：你希望婚禮有牧師證婚，並在眾人的讚美中舉行，至於請客的名單，你認為夠交情才發喜帖，如果喜宴上的客人當中有攜家帶眷的人出現，你會覺得請他是件很丟臉的事，因此你請客的人數，大約只有十桌左右，至於婚禮有沒有賺錢，則不在你考慮之列。你的結婚年齡約在26歲至35歲。

胡老師叮嚀：木生火的男人不會為了名與利而改變自己的夢想，他很會賺錢卻對錢沒有很大的興趣，太多的牽絆會讓他有窒息的感覺，他很善變，如果妳是那種想要有安定生活的人，那可能會變成他的壓力來源；與木生火的老婆在一起要對自己有信心，她不習慣稱讚別人，常常會有傳統和前衛兩種個性出現，她不會覺得有矛盾在，但卻常常會讓在她身邊的人感到困惑。

火生土

桃花指數分析

年(西元) 地格 桃花指數	2004	2005	2006	2007	2008	2009	2010	2011
3	7	3	4	4	5	3	6	3
4	3	7	3	4	4	5	3	6
5	3	3	7	3	4	4	5	3
6	5	3	3	7	3	4	4	5

結婚時節大預言：你的婚宴必須要有媒人及雙方家長證婚才行，家中的長輩認為（尤其是男方家中的父母）請到有頭有臉的人來參加會是一件很光榮的事。結婚當天新郎一定會被灌醉，也一定會被人家戲弄、鬧洞房，所以你要有心理準備，一定要找高手幫你擋一擋酒。結婚年齡約在22歲至28歲。

胡老師叮嚀：火生土男人是那種在人多的時候會離妳很遠，但是當妳不經意抬頭與他四目交會的時候，卻可以從他的眼神中看到他對妳的關心；火生土的女人很會理財，她不一定要生活得很富有，只要有安定的生活就好了，所以當她的老公必須要有穩定的工作，否則她會覺得很沒有安全感，只要你在事業上有一個穩定的工作與目標，她會全心全意的支持你。

土生金

桃花指數分析

年(西元) 地格 桃花指數	2004	2005	2006	2007	2008	2009	2010	2011
5	3	3	7	3	4	4	5	3
6	6	3	3	7	3	4	4	5
7	3	6	3	3	7	3	4	4
8	5	3	6	3	3	7	3	4

結婚時節大預言：結婚、請客多麻煩，只要喜歡就可以，找兩個朋友來公證，就代表結婚，這會是土生金人的想法。對於結婚、請客、及婚前拍婚紗照，都會很有意見，常在吵鬧中會脫口而出「我不結婚了」，是所有的婚姻宮當中，對婚姻最反感的五行。如果你嫁一個土生金的男性，千萬不要奉父母之命來完成終身大事，土生金的男女，天生很討厭父母親的約束，結婚年齡約在26歲至34歲。

胡老師叮嚀：面對土生金的男人不用覺得害怕，對他在意的事多下點工夫，其他方面的問題，他都不在乎；土生金的老婆有點嘮叨，但是她們所說的都是為你好，偶爾聽聽她的意見，你不會吃虧的。

金生水

2-105

桃花指數分析

年(西元) 地格\桃花指數	2004	2005	2006	2007	2008	2009	2010	2011
7	3	6	3	3	7	3	4	4
8	5	3	6	3	3	7	3	4
9	4	5	3	6	3	3	7	3

結婚時節大預言： 金生水的婚姻宮在婚前會顯得非常的體貼又溫柔，婚後比較自私，認為結了婚我必須過我自己的生活，所以在婚前會完全聽女方的意見，辦一場盛大的婚禮，會讓人家誤認為妳嫁到一個好老公，所以你們必須要彼此了解的非常清楚後再論婚嫁，你的結婚年齡約在27歲至35歲。

胡老師叮嚀： 金生水的男人對任何事都會感到有興趣，和他天南地北的聊，他會覺得妳是很了解他的人，他對生活的要求不高，喜歡接收新的知識，任何事問問他的意見是不會錯的；金生水的女人聊起天來可是滔滔不絕的，她不是那種三姑六婆型的女人，只是喜歡將所接收到的新資訊散播出去而已。

平宮

平宮木

桃花指數分析

年(西元) 地格╲桃花指數	2004	2005	2006	2007	2008	2009	2010	2011
1	4	4	5	3	6	3	3	7
2	3	4	4	5	3	6	3	3

結婚時節大預言：你是非常會為配偶著想的人，配偶說什麼你就接受、聽從，通常平宮木的女性在婚前會為了結婚的事情跟娘家吵翻天，主要的目的是想替老公省錢，結完婚以後會盡力做一個好妻子或好老公，但是過份的縱容配偶無形中替婚姻製造了許多問題，建議你婚後要有自己的主張，不要一味的退讓，你的結婚年齡可早可晚，早的話是21歲至25歲，晚的話是31歲至40歲。

胡老師叮嚀：平宮木的男人很容易被美食和美女吸引，有點大男人主義，在外人面前要讓他有一家之主的感覺；平宮木的女人喜歡安定的生活，對有變化的事物比較不敢去嘗試，所以她是那種可以同一個工作一做就是二十幾年的人，愛她就千萬別讓她覺得生活不穩定。

平宮火

桃花指數分析

年(西元) 地格　桃花指數	2004	2005	2006	2007	2008	2009	2010	2011
3	7	3	4	4	5	3	6	3
4	3	7	3	4	4	5	3	6

結婚時節大預言： 你是一個不善說謊的人，從你的眼睛可以看出你今天做了什麼事，你是屬於一根腸子通到底的人，你希望大家都認為你嫁了一個金龜婿，或是娶了一個能幹的女人，你對婚禮及婚姻的想法是喜歡炫耀的，婚後才發現到原來這些都是假的，你比較容易走向再婚，你的婚姻年齡可早可晚，早的話是18歲至24歲，晚的話是31歲至38歲。

胡老師叮嚀： 平宮火的女人是很喜歡打扮自己的，不惜花大把大把的鈔票，買一堆名貴的化妝品、保養品給自己，她需要人呵護，永遠給人一種長不大的任性小女孩印象，她會希望有一個可靠的肩膀可以依靠；平宮火的男人喜歡當一家之主，如果妳的工作能力比他強、薪水比他高，回到家中要記得他最大，適時的給他一點鼓勵，他會覺得其實妳還是很需要他的。

桃花指數分析

年(西元) 地格 桃花指數	2004	2005	2006	2007	2008	2009	2010	2011
5	3	3	7	3	4	4	5	3
6	6	3	3	7	3	4	4	3

結婚時節大預言：現在已經是什麼年代了，結婚的禮車上還要擺甘蔗，還要掛活生生的帶路雞嗎？拜託！越是重視傳統越是容易出差錯，建議你的婚禮不要有一大堆禮俗，反而可以避免出小差錯。你的結婚年齡可早可晚，早的話18歲至24歲，晚的話是31歲至37歲。

胡老師叮嚀：平宮土的男人喜歡過居家生活，家庭對他來說是一種甜蜜的負擔，他的心思很細膩，光是會煮一頓豐富的美食，想抓住他的心是不足夠的，懂得他內心的想法、處處關心他，才是他最想要的；面對敏感平宮土的女人，要學會尊重她的隱私，每個人都有不想讓人知道的秘密，所以別對她翻陳年舊帳，那會踩到她的地雷區，小心被炸得粉身碎骨。

平宮金

2-109

桃花指數分析

地格＼年(西元)＼桃花指數	2004	2005	2006	2007	2008	2009	2010	2011
7	3	6	3	3	7	3	4	4
8	5	3	6	3	3	7	3	4

結婚時節大預言：你常常夢想你的婚禮會在異鄉舉行，或者可不可以不要有這麼多煩人的結婚禮俗，通常你比較適合參加大型的集團結婚，你認為大家一起來多快樂，又省錢又可以請到市長來證婚，但是當你真的去報名之後，你才會發現，原來沒有夢想中那麼浪漫，結婚當天，光是準備就花了你大半天的時間。你的結婚年齡可早可晚，早的話是17歲至24歲，晚的話是30歲至40歲。

胡老師叮嚀：建議你最好由長輩介紹再論及婚嫁。

平宮水

桃花指數分析

年(西元) 地格 桃花指數	2004	2005	2006	2007	2008	2009	2010	2011
9	4	5	3	6	3	3	7	3

結婚時節大預言： 你天生是一個跟屁蟲，很在乎配偶的一言一行，平常就很黏著配偶，婚後你的優點全部變成缺點，你的溫柔變成負擔，建議你在婚前就必須學著獨立，不要過份的依賴配偶。建議你可以到法院公證結婚，結婚當天請雙方的至親好友，你的酒席不需要太多桌數，但是也不要太寒酸。你的結婚年齡可早可晚，早的話是17歲至24歲，錯過了這段時間，你很可能要等到35歲以後才有姻緣，你比較適合晚婚。

胡老師叮嚀： 平宮水的女人看起來很堅強，其實內心非常脆弱，她怕孤單、寂寞，她總會讓別人以為她不需要照顧，其實平宮水的女人是很小女人的，很希望有個溫暖的胸膛可以依靠；平宮水的男人常會壓抑自己的情緒，就算在外面給人感覺人際關係很好，那也只是因為工作上的需要而已，平宮水的男人在感情上很孤獨的，因為他不善於表達自己的情緒，讓人不了解他內心的想法。

良人賢妻何時現？

　　在中國的傳統社會當中，母親常扮演著嘮叨的角色，同樣的話題重覆著很多遍，從生理學的角度來看，女人邏輯思想差，常常把一個很簡單的事情，變成非常混亂又複雜。當你在姻緣路上出現一個好對象時，常會認為自己的另外一半好像永遠長不大，相處之間好像總是會有一方管另外一方，久而久之被管的那一方就會覺得你到底是在溝通還是嘮叨，希望全天下的女人不要變成茶壺，在有對象出現之前，千萬不要學你的母親嘮叨，要不然永遠就會是老姑婆一個。

剋宮

桃花指數分析

年(西元) 人格 桃花指數	2004	2005	2006	2007	2008	2009	2010	2011
1	4	4	5	3	6	3	3	7
2	3	4	4	5	3	6	3	3
7	3	6	3	3	7	3	4	4
8	5	3	6	3	7	3	3	4

對象特徵：女：大男人主義。

男：小女人。

胡老師叮嚀：有時候難免會受另一半的氣，也許妳會很氣憤，但是不管如何生氣，妳千萬不要去跟另一半爭面子，寧可退讓一步，也不要做出或說出讓自己後悔的事。讓他知道還有妳在身邊關心他。另外，提醒妳，千萬不要隨便對別的男人亂拋媚眼，他的醋勁可是大得嚇死人，金剋木的男人對他們的女人有很強烈的佔有慾和支配慾，妳最好一切都聽他的安排，起碼大部份的事情都要經由他來決定。

木剋土

2-113

桃花指數分析

西元 人格 桃花指數	2004	2005	2006	2007	2008	2009	2010	2011
1	4	4	5	3	6	3	3	7
2	3	4	4	5	3	6	3	3
5	3	3	7	3	4	4	5	3
6	6	3	3	7	3	4	4	5

對象特徵：男：看起來長相像阿信的女人愈有安全感。

女：讓你覺得很有安全感的男人。

胡老師叮嚀：大部份聚會的場合他會願意帶妳一起去參加，不過木剋土的男人比較喜歡和他自己的朋友出去「鬼混」一下，所以請妳大方一點，不要太約束他的自由，他會懂得拿捏分寸的；木剋土的男人會在爭吵後開始逃避你，每天都要等到三更半夜才會回家，甚至都不回家也有可能，在愛情幻滅以後，通常都會採取很消極的方式去逃避，甚至很可能會逃到另一個愛情裡去，婚姻關係就因此產生裂痕了。

土剋水

桃花指數分析

年(西元) 地格\桃花指數	2004	2005	2006	2007	2008	2009	2010	2011
5	3	3	7	3	4	4	5	3
6	6	3	3	7	3	4	4	5
9	4	5	3	6	3	3	7	3

對象特徵：男：你喜歡活潑又會耍脾氣的女生。

女：個性相投，但長相英俊的男生。

胡老師叮嚀：妳（你）的人緣很好、交友很廣闊，可以藉著和各種不同的人相處，來表現妳（你）的魅力，但是這樣子相對的也會讓妳（你）對愛情不專一，總是三心二意，而妳（你）也不擅於表達自己的心意，所以常使得另一半對妳（你）沒信心而離開妳（你），可能妳（你）要訓練自己有長期抗戰的能力。

水剋火

2-115

桃花指數分析

年（西元） 地格　桃花指數	2004	2005	2006	2007	2008	2009	2010	2011
9	3	7	3	4	4	5	3	6
3	7	3	4	4	5	3	6	3
4	3	7	3	4	4	5	3	6

對象特徵：男：會懂得撒嬌的女人，偶爾要會煮飯。

女：積極的個性才會引起妳的注意。

胡老師叮嚀：很多人都以為水剋火的老公一定脾氣暴躁、火氣旺盛，其實很多水剋火的老公也是溫柔、體貼又浪漫的。水剋火的人對自我的要求很高，不斷訂定目標，永遠在追求完美，水剋火的男人大男人主義，禁不起失敗，也不願意接受別人的同情或幫忙；水剋火的女人有旺盛的企圖心，不管是當家庭主婦或是當粉領族，她們總是希望能在這上面有所表現，而且能獨當一面。不論大事、小事，都不妨參考一下水剋火老婆的意見，一旦決定以後，由她們來當總指揮，徹底實施、執行，保證效率一定是一流的。妳（你）的愛情觀很傳統，比較喜歡自然不喜歡做作，而且妳（你）也是一個很體貼且善解人意的女（男）孩喔！

火剋金

桃花指數分析

人格＼年(西元)桃花指數	2004	2005	2006	2007	2008	2009	2010	2011
1	7	3	4	4	5	3	6	3
2	3	7	3	4	4	5	3	6
5	3	6	3	3	7	3	4	4
6	5	3	6	3	3	7	3	4

對象特徵：男：父、母親中意的人，才可能進入家中。

女：做事細心有一技在身的男人。

胡老師叮嚀：火剋金的男性往往在多次戀愛中挫敗，好不容易
找到老婆，心中萬般高興。做他的女人一定要與
公婆打好關係，才會有美好的婚姻。

2-116

生宮

 水生木

桃花指數分析

年(西元) 地格 桃花指數	2004	2005	2006	2007	2008	2009	2010	2011
9	4	5	3	6	3	3	7	3
1	4	4	5	3	6	3	3	7
2	3	4	4	5	3	6	3	3

對象特徵：男：能幹的女人，才會吸引你的目光。

女：相處融洽，又會說笑話的男人。

胡老師叮嚀：水生木的老公天生情緒壓抑，喜怒不形於色，在外交友廣闊，知心的朋友沒幾個，內心十分孤單，做他的配偶需要隨時注意他內心深處，尤其是工作運勢，當他事業不順時，往往就是婚姻危險期，此時千萬別煩他，學著獨立一點；水生木的老婆適度調整自己，不要一副精明能幹的樣子，尊重配偶才會白頭到老。

木生火

桃花指數分析

年(西元) 人格　桃花指數	2004	2005	2006	2007	2008	2009	2010	2011
1	4	4	5	3	6	3	3	7
2	3	4	4	5	3	6	3	3
5	7	3	4	4	5	3	6	3
6	3	7	3	4	4	5	3	2

對象特徵：男：一個女性有沒有上進心，決定你的未來。

女：認真工作的他才會吸引妳，因為妳很怕日後
沒錢。

胡老師叮嚀：木生火的男性喜歡女性獨立，並且家庭與事業都
兼顧的老婆，她們嚴守中國傳統道德相夫教子，
但是對外絕對不可搶他的風采；木生火的女性事
業心重，婚後會不斷學習，在短暫二年內會爬上
公司重要的職務，如果此時她的老公依舊在原地
踏步，小心她會選擇離婚這條路，娶到木生火的
女性，別忘要跟上老婆的腳步。

火生土

桃花指數分析

年(西元) 人格 桃花指數	2004	2005	2006	2007	2008	2009	2010	2011
3	7	3	4	4	5	3	6	3
4	3	7	3	4	4	5	3	6
5	3	3	7	3	4	4	5	3
6	5	3	3	7	3	4	4	5

對象特徵：男：你渴望一位女性常常哄得你心花怒放，相對她一定要漂亮。

女：妳一直追求有經濟的男人，越沒錢的男人妳逃得越快。

胡老師叮嚀：火生土的男性喜歡浪漫的氣氛，因此找了一位善解人意、溫柔體貼的老婆，婚後才發現，老婆家事一竅不通，脾氣又火爆，令自尊心倍受傷害，所以婚前別忘了把老婆送進廚房好好補習一番；火生土的女性絕頂聰明，隱隱約約帶著女權主義、向錢看齊，因此婚後家中經濟全由妳掌握。

土生金

桃花指數分析

年(西元) 人格 桃花指數	2004	2005	2006	2007	2008	2009	2010	2011
5	3	3	7	3	4	4	5	3
6	6	3	3	7	3	4	4	5
7	3	6	3	3	7	3	4	4
8	5	3	6	3	3	7	3	4

對象特徵：男：柔弱的女性讓你有保護她的心。

女：喜歡開朗又進取的男人。

胡老師叮嚀：你的另一伴天生性感浪漫，很容易陷入一種情緒中而無法脫離，對於婚姻既期待又怕受傷害，她需要你的關心、給她呵護，在婚姻裡她永遠不會放棄追求浪漫的感覺，愛她就要盡量去保護她，給她安全感；她喜歡開朗又進取的人，因為她有豐富的內涵，會將自己最美好的一面表現出來，想與她共度白首你一定要表現出自己對自己十分有信心、又上進，才可以拉近你們的關係。

金生水

桃花指數分析

年（西元） 地格＼桃花指數	2004	2005	2006	2007	2008	2009	2010	2011
7	3	6	3	3	7	3	4	4
8	5	3	6	3	3	7	3	4
9	4	5	3	6	3	3	7	3

對象特徵：男：潔癖、會隨時隨地整理家中的女性。

女：妳的眼光有一點問題，主張「男人不壞，我不愛」。

胡老師叮嚀：金生水男人的老婆是屬於灰姑娘型的，平常就很吃苦耐勞的守著家庭，她對生活要求不高，只要有一個安逸舒適的家就好了，她可以抱著美好的憧憬，忍受所有一切的辛勞；不要欺騙金生水女人的感情，她敢愛敢恨、更敢報復，當她愛你的時候，會支持你所有的一切，恨你的時候，可是會恨你一輩子的。

平宮

平宮木

桃花指數分析

地格 \ 年(西元)\桃花指數	2004	2005	2006	2007	2008	2009	2010	2011
1	4	4	5	3	6	3	3	7
2	3	4	4	5	3	6	3	3

對象特徵： 男：對金錢很有概念的人。

女：溫柔又懂得甜言蜜語的男人。

胡老師叮嚀：她有很傳統的家庭觀念，若你讓她覺得是可以託
付終身的人，她願意付出一切，陪你努力奮鬥；
雖然他很好動，但是對家居生活渴望有安全感。
他相信天長地久的愛情，也希望有平和的家庭。

平宮火

桃花指數分析

年（西元） 地格　桃花指數	2004	2005	2006	2007	2008	2009	2010	2011
3	7	3	4	4	5	3	6	3
4	3	7	3	4	4	5	3	6

對象特徵：男：獨立的女性，最能引起你的注意。

女：彼此了解，可常談心事的男人。

胡老師叮嚀：平宮火的男性很愛小孩子，婚後早點有一個小孩，讓他有當父親的喜悅；她想找的是一個可以相知、相惜、互敬、互信的老公與情人，會一直等待命中註定的那個人出現，婚後她希望夫妻坦白，心中的話早點說出來。

平宮土

桃花指數分析

地格 \ 桃花指數 年(西元)	2004	2005	2006	2007	2008	2009	2010	2011
5	3	3	7	3	4	4	5	3
6	6	3	3	7	3	4	4	3

對象特徵：男：她就像你的嚴師一樣，中規中矩、嚴守傳統
家庭觀念。

女：別人都受不了他的脾氣，唯獨妳把他當寶。

胡老師叮嚀：渴望征服對方，又期待被對方征服，她會願意與
你分享所有的喜怒哀樂，千萬不要在她面前稱讚
別的女人，因為她希望你能把她放在心目中的第
一位；對愛情他很忠實，他希望自己能像太陽一
樣被妳熱切的需要，甜美的讚美是他活力的來
源，他不是大男人，只是不能忍受和別人比較，
這會傷了他的自尊心。

桃花指數分析

年(西元) 地格　桃花指數	2004	2005	2006	2007	2008	2009	2010	2011
7	3	6	3	3	7	3	4	4
8	5	3	6	3	3	7	3	4

對象特徵：男：情緒多變，一會兒颱風、一會兒下雨，這樣
的女人你最愛。

女：喜歡有強烈佔有慾男人，他越管妳妳越愛。

胡老師叮嚀：她是一個很容易受傷的女人，因為害怕受傷，所
以不敢一下子就投入感情，當她選擇了婚姻，只
會乖乖做一個好妻子，愛他、陪他吃晚飯；婚後
深深覺得老婆給你的愛實在太多了，讓你無法呼
吸，此時別抱怨選擇了她，就乖乖的在她面前出
現，多說些甜言蜜語，讓以後的日子好過一點。

平宮水

桃花指數分析

年(西元) 地格　桃花指數	2004	2005	2006	2007	2008	2009	2010	2011
9	4	5	3	6	3	3	7	3

對象特徵：男：個性內斂又會交際的女性，處理人際關係八
面玲瓏的女外交官。

女：全世界的人都叫妳別理他了，而妳卻更愛
他，因為他固執又專制。

胡老師叮嚀：別讓自己的情緒被老公牽著鼻子走，別寵壞他
了，他為什麼如此固執又專制，100％是妳凡事
息事寧人的個性害了妳；婚前他不在乎妳有沒有
身份地位、有沒有錢，她喜歡的是有智慧的你，
有紳士風度、能給她人生指引的伴侶，如果愛她
就要給她多點空間和自由。

婚姻真是愛情墳墓？

　　溫柔是一種美德，傳統的婚姻，總是認為先生好比太陽高高掛在家中，尊貴又權威，太太好比月亮，主宰家中一切事物，永遠默默工作、默默付出。但在現代廿一世紀中，女性扮演著蠟燭兩頭燒的角色，女人不再默默的待在家中。

　　台灣、日本、新加坡、香港的女性日漸變的比較有旺盛的企圖心，不論在家中或是工作中，她們永遠如台新銀行一句廣告台詞「認真的女人最美」。男性在事業中多了女性競爭者，無形中早期男尊女卑的觀念有了大大的改變。如果想在事業及家庭中雙贏，並保有好的婚姻生活，讓胡老師告訴你夫妻相處之道。

剋宮

金剋木 金剋木的女性，妳把妳的配偶寵壞了，妳的他喜歡妳哄他、崇拜他、愛他一輩子，妳扮演母親、妻子的角色，妳很容易碰到先生事業不順的期間，為了他的面子，妳必須不斷忍耐，不可發脾氣，不能表現得十分能幹，此時是妳婚姻的最低潮期；金剋木的男性，在婚姻生活中你永遠屬於高傲貴族，你喜歡配偶用崇拜的眼神看著你，你算是幸運男性，因為你的婚姻讓人羨慕得要命，茶來伸手、飯來張口。

婚姻運勢解析：不會輕言離婚。

婚姻禁忌：照照鏡子，你快變成歐巴桑或歐里桑。

胡老師叮嚀：老實的外表，對婚姻的不善表現，總認為結了婚後，可以卸下面具，常常穿著內褲跑出來應門，一副歐里桑的樣子，缺少羅曼蒂克的表現。其實婚姻生活需要有點情趣，婚後別忘要送禮物給對方，記住週年慶及生日等事，別氣走配偶，更別忘說些貼心話。

婚姻觀成熟指數	★★★★★★★★
婚姻穩定指數	★★★★★★★
婚姻持久指數	★★★★★★★
配偶外遇危險指數	★

木剋土　木剋土的女人在吵架的時候，句句話都像刀一樣銳利，殺得你片甲不留。「冷戰」也是木剋土女人的看家本領之一，如果你不小心激怒了她，或是你不小心做錯了什麼事，她一定會找到懲罰你的方式，直到她認為你確實得到你「應得的」報應後，才會罷休。

2-129

婚姻運勢解析：冤家型的組合，他是會惹妳生氣但又被妳寵壞的大男孩，常被他搞得哭笑不得。

婚姻禁忌：在外要以他為主，滿足他大男人的心理。

胡老師叮嚀：木剋土的男人像超人一樣，要避免被他打敗的最好方法，就是永遠不要跟他作對。妳可以選擇，無怨無悔的愛他，或是把自己練成金鋼不壞之身。他一下子熱情如火、一下子冷漠得像冰，如果妳敢跟他挑釁，倒楣的準是自己。吵架的時候，他會口不擇言，等到他的怒火平熄又會跪在妳面前認錯，如果妳已經愛上他，那就請把自己的心臟練強壯一點，才能搭乘這部愛情雲霄飛車。

婚姻觀成熟指數	★★★★
婚姻穩定指數	★★★
婚姻持久指數	★★
配偶外遇危險指數	★★★★★★★

土剋水 土剋水的男女一生中在愛情方面可說是常勝軍，婚後一直有異性默默欣賞你（妳），願意對你（妳）無怨無悔的付出，而無形中傷到你（妳）的配偶，別忘了，博愛是婚姻致命傷。

婚姻運勢解析：他喜歡跟人接觸，充份展現他的社交能力，但不一定喜歡熱鬧，他只是比較重朋友。

婚姻禁忌：做土剋水的老婆，要學會在生活中製造情趣，因為土剋水的男人喜歡看美的東西。

胡老師叮嚀：土剋水的女子願意在婚後當個快樂的家庭主婦，會在工作上與男人一較高低的土剋水「女強人」實在不多見。土剋水的女人需要被男人保護，對大部份的女人來說，是她們最害怕的第三者。在你心情不好的時候，不要對她大吼大叫，對於她的情緒不能視若無睹，否則她可是會漸漸的游向另一個溫柔懷抱。

婚姻觀成熟指數	★★★★★
婚姻穩定指數	★★★★★
婚姻持久指數	★★★★
配偶外遇危險指數	★★★★★★★★

水剋火

2-131

水剋火的男人是很熱情的，常常會認為自己是白馬王子或是英勇的騎士，而對方就是白雪公主或是城主的女兒，既然他把妳想成是童話裡的人物，那麼妳就要一直維持著像童話裡的人物一樣；水剋火的男人很快就會跳進愛情的陷阱裡，也會很快從這段感情脫離，妳不要被他的熱情給嚇到，也不要因為他的冷淡反應感到害怕，一旦這段感情對他來說已經毫無感覺，他就會快速的逃開。

婚姻運勢解析：從認識到結婚總共半年，拖久就會分手，愛他（她）就快點結婚。

婚姻禁忌：水剋火的男人愛面子，千萬不要在別人面前說他的不是。

胡老師叮嚀：想要當水剋火的女朋友，就要知道什麼叫淑女的風範，知道什麼時候該說話，什麼時候不該說話，也要多充實自己的內涵，水剋火的男人喜歡有智慧的女人，千萬別對其他男人笑或多聊幾句，這樣會打翻水剋火男人的醋罈。

婚姻觀成熟指數	★★
婚姻穩定指數	★★★★★
婚姻持久指數	★★
配偶外遇危險指數	★★★★

火剋金 火剋金的男人喜歡當強者，不過妳千萬別只注意他的外在，而忽略了他是否真的是表裡如一，火剋金的男人很有自信、很冷靜，但是他很嚮往愛情，對於愛情的渴望可是很強烈的，要是被火剋金的男人盯上，那麼就算妳怎麼逃也逃不過他的五指山。

婚姻運勢解析：妳的戀愛就像是長疹子一樣，一生只出一次疹子，好不容易找到真命天子，必須好好守住這一份感情。

婚姻禁忌：火剋金的女人會把事情先想清楚再做決定，所以別一直催促她做決定。

胡老師叮嚀：火剋金的男人很顧家，而且也很深情，由於火剋金的男人對於愛情是即期待又怕受傷害，所以都會比較被動，採取觀望的態度，除非妳能感覺到他內心裡的那份熱情，否則妳會覺得跟他在一起，一點情趣也沒有。

婚姻觀成熟指數	★★★★★★★
婚姻穩定指數	★★★★★★★
婚姻持久指數	★★★★★★★
配偶外遇危險指數	★

生宮

水生木

水生木的男人為了做出結婚的決定，會花很長的時間去思考這個問題，就像他會事先觀察妳一樣，水生木的男人寧願花很多時間去觀察、思考對方是不是可以交往的對象，有沒有達到俊男美女的標準，如果水生木的男人願意對妳付出他的感情時，那就代表他已經認定妳是可以與他共度一生的人，水生木的男人喜歡慢工出細活，認為感情就是要慢慢來才會長久。

婚姻運勢解析：對付水生木的男人，用撒嬌的方式是很有用的，但是過度撒嬌那就不行了。

婚姻禁忌：水生木的男人認為感情是需要時間跟空間的，如果黏他黏得太緊，可能會讓水生木的男人覺得厭煩。

胡老師叮嚀：水生木的男人不喜歡內心世界被人窺視，妳最好別試著去挖開他內心的秘密，不管是結婚前、結婚後，水生木的男人都是需要自由的，妳必須要有點想像力才能配合他。

婚姻觀成熟指數	★★★★
婚姻穩定指數	★★★★★
婚姻持久指數	★★★★★
配偶外遇危險指數	★★★★

木生火 木生火的男人很傳統、保守，但是他對於某些特定的事物卻很有野心，不過通常他會將這份野心隱藏得很好，讓妳不容易發現，木生火的男人認為談戀愛是很浪費時間的，除非下一個女人對他而言能獲得某項利益，為了能達到他的目的，有可能會不擇手段喔！

婚姻運勢解析：木生火的老公已經將追求時的熱情，轉變成對事業的衝勁，所以別埋怨他對妳很冷淡。

婚姻禁忌：他的脾氣大，別試著去挑戰他的極限。

胡老師叮嚀：木生火的男人佔有慾很強，甚至在他的感情世界裡容不下一粒沙，木生火的男人不喜歡聽從對方的安排，喜歡自己做主，千萬別傷了木生火男人的心，他可是一個具有破壞力的「復仇者」喔！

婚姻觀成熟指數	★★★★★
婚姻穩定指數	★★★★★
婚姻持久指數	★★★★★
配偶外遇危險指數	★★★★

火生土　火生土的男人最讓人生氣的是，婚前當妳覺得他好像對妳有意思的時候，卻又發現其實火生土的男人對任何人都是這樣子的，火生土的男人喜歡有知識、智慧的女人，火生土的男人好奇心很重，喜歡分析對方的一舉一動，就連妳不經意的一個小動作，他也會思考半天。

婚姻運勢解析：火生土的人喜歡當一家之主，別吝嗇給他一點鼓勵，他會很高興的。

婚姻禁忌：全年無休的工作精神，要多注意他的身體喔！

胡老師叮嚀：火生土的男人喜歡有自己想法的女人，但可不是喜歡那些過於自大的大女人主義者，火生土的男人是屬於晚婚型的，除了因為他太挑，還有就是他很熱愛自由，不喜歡太早被婚姻束縛。

婚姻觀成熟指數	★★★★★
婚姻穩定指數	★★★★★
婚姻持久指數	★★★★★
配偶外遇危險指數	★★★★

土生金 土生金的男人很細心，對感情也是如此，他覺得感情一定要實實在在的，不能隨隨便便的談戀愛，也許是因為土生金的男人對任何事都要求完美，所以在感情上才會如此慎重。

婚姻運勢解析：會嫌老婆有點嘮叨，其實她只是建議、提醒而已，因為你的心煩，她的優點你永遠沒有發現。

婚姻禁忌：雖然家中的大權掌握在妳的手上，但是別忘了多稱讚他的努力。

胡老師叮嚀：一見鍾情的事不太可能會發生在土生金的男人身上，所以他的另一半幾乎都是從做朋友開始的，妳和土生金的男人交往時，應該會發現其實土生金的男人對朋友比對女朋友好，那是因為土生金的男人比較重視朋友，就算是結了婚以後也是一樣。

婚姻觀成熟指數	★★★★★
婚姻穩定指數	★★★★★
婚姻持久指數	★★★★
配偶外遇危險指數	★★★★★

金生水　金生水的男人喜歡征服帶點野性及智慧的女人，越是難追到手的，對他的吸引力就越大，跟他交往最好別太過依賴或是想要佔有他，妳要讓他明白，妳永遠是他最好的朋友及伴侶，但是偶爾金生水的男人心裡還是會有想要浪跡天涯的夢想。

婚姻運勢解析：要「愛烏及屋」，要多和他的朋友相處，甚至加入他們，也許可以從他的朋友那裡得到一些意想不到的消息。

婚姻禁忌：金生水的男人需要妳的鼓勵，可別潑他冷水。

胡老師叮嚀：金生水的男人就像野馬一樣熱愛自由，他會很高興能跟妳在一起，但是別想用婚姻來約束他，妳越想約束他，他就越想要自由，在婚姻生活中他永遠長不大，他很可能為了釣魚放棄婚姻，每當他抱怨前任女友多麼無情時，別相信他的話。

婚姻觀成熟指數	★★★★★
婚姻穩定指數	★★★★★
婚姻持久指數	★★★★
配偶外遇危險指數	★★★★★

平宮

平宮木 平宮木一生中會有二次婚姻發生，第一次選擇婚姻的時候沒有睜大眼睛，被愛情沖昏頭，只要愛情不要麵包，結完婚後才發現柴、米、油、鹽是多麼的重要，平宮木常常在婚姻的暴力下，被傷害得遍體鱗傷，如果妳的婚姻宮是平宮木，請睜大眼睛，千萬別因為懷孕而結婚。

婚姻運勢解析：把家中主導權交給他，讓他當一家之主。

婚姻禁忌：別讓他影響到妳的心情，想要分擔他的心事，就要先讓自己保持愉快。

胡老師叮嚀：平宮木的男人看起來就像是個花心大蘿蔔，在感情方面他會想要保持戀愛般的感覺，平宮木的男人很喜歡佈置家裡，讓家裡變得很浪漫、舒適，所以他也很喜歡三不五時約幾個朋友來家裡聚聚，平宮木的男人很喜歡熱鬧，而且喜歡當任何場合中的主角，他喜歡那種感覺，因為這會讓他覺得自己魅力很大。

婚姻觀成熟指數	★★★★
婚姻穩定指數	★★★
婚姻持久指數	★★★
配偶外遇危險指數	★★★★★

平宮火

2-139

平宮火的男人比較會用冷靜來掩飾內心的歡喜，而他在事情的處理上，也是一絲不苟，所以平宮火的男人在陷入感情之前，會先慢慢的確定對方是不是真的也喜歡他，一旦確定了他就能放手去愛。

婚姻運勢解析：她善於理財，但是對配偶不穩定的工作，常常會覺得很傷腦筋。

婚姻禁忌：為老公的工作擔心，倒不如好好保住自己的飯碗。

胡老師叮嚀：平宮火的男人脾氣很大，在感情的世界中喜歡當主導者，一旦妳不小心惹他生氣，他會像小孩子一樣發脾氣、甚至不講理，平宮火的人很有責任感，但是做事情常常虎頭蛇尾、三分鐘熱度，妳對他要像照顧小孩子一樣，事事盡量順著他，讓他覺得自己才是主導者。

婚姻觀成熟指數	★★★★
婚姻穩定指數	★★★
婚姻持久指數	★★
配偶外遇危險指數	★★★★★★

平宮土的人有「愛在心裡口難開」的個性，她是不善於言詞表達，你如果想在她的口中聽到甜言蜜語，那是不太可能的。常常平宮土的人認為結完婚後，就不需要任何虛偽的表現，只要為家庭付出就好，久而久之就會慢慢變成黃臉婆，配偶常會覺得娶了一個平宮土或是嫁了一個平宮土的人，生活毫無樂趣可言，每天下了班只會在電視機前轉頻道、看電視，其餘的工作都不願意做，婚姻當中請回頭多看看妳的配偶。

婚姻運勢解析：平宮土的人不習慣稱讚別人，通常都是眼見、耳聞為憑的。

婚姻禁忌：個性暴躁、不善言辭的妳，對優柔寡斷的他常常覺得很無奈，妳還是先把自己照顧好，再去管他的事情。

胡老師叮嚀：平宮土的男人很重視家庭，他喜歡賢妻良母型的女人，妳除了要想辦法討他歡心，還要經過他家族的認可才行。

婚姻觀成熟指數	★★★★
婚姻穩定指數	★★★
婚姻持久指數	★★★
配偶外遇危險指數	★★★★★★

平宮金

2-141

平宮金的男人十分多變，但是多變指的是他的情緒而不是個性，平宮金的男人很缺乏安全感，只要一有風吹草動，他就會開始緊張，妳如果想跟平宮金的男人在一起，就要給他安全感。

婚姻運勢解析：為了穩定的生活，她會全心全意的支持你，讓你可以在事業上全心全意朝目標衝刺。

婚姻禁忌：要學會互相尊重對方。

胡老師叮嚀：平宮金的男人需要安全感，而家是能讓他感覺到有安全感的地方，所以平宮金的男人是很顧家的，雖然平宮金的男人婚前很缺乏安全感，但是婚後只要他的家受到了威脅，他就會勇敢的跳出來保護，妳要好好的照顧他，第三者是介入不了你們的，他不太會有外遇的問題。

婚姻觀成熟指數	★★★★
婚姻穩定指數	★★
婚姻持久指數	★★★
配偶外遇危險指數	★★★★★★

平宮水 平宮水的人婚後往往沒有自我，生活的重心是以配偶為主，只要是能讓配偶高興的事，她都會盲目的去追隨、努力去做，無形中給自己帶來一些壓力，久而久之，這股壓力將會崩潰，讓平宮水的人有想逃的慾望，往往結婚十八年後，會忽然想要過自己的生活，不想再為別人而活，平常要學會將自己的心事說出來，不要一直壓抑在心裡。

婚姻運勢解析：與一群人吃飯的時候，他會主動挾菜給妳，妳可以從他的眼神中，感受到他暖暖的愛意。

婚姻禁忌：他喜歡自由，所以別過於干涉他的自由。

胡老師叮嚀：平宮水的男人是個好好先生，對感情很忠實，他喜歡家中保持得乾乾淨淨、整整齊齊，所以在結完婚後妳才會發現，其實平宮水的他也很浪漫、很溫柔。此外，他非常重視心靈成長，所以婚後夫妻必須共同參與靈修，不然妳會發覺到你們之間的距離越來越遠。

婚姻觀成熟指數	★★★★
婚姻穩定指數	★★★
婚姻持久指數	★★
配偶外遇危險指數	★★★★★★

我的他（她）會外遇嗎？

　　女人的心思是細心敏感的，總能夠在瑣碎生活中發現她的枕邊人在說謊，等到證據齊全攤在陽光下，又希望他不要再隱瞞欺騙。外遇在男性認為只是犯天下男人共同的錯，女性卻十分傷心，難道男女之間相處真要用道高一尺、魔高一丈的方式嗎？

剋宮

金剋木

愛情觀解析： 你十分愛面子，外遇只不過是為了證明自己很有魅力。你討厭女性主動，美女僅限於看看而已，至於女人獻殷勤你才懶得理。

外遇防範之道： 一般正常社交活動，只限於吃飯、喝咖啡，外遇千萬別找我，你要免費送上門，他就帶一家大小出現在你面前。

外遇危險指數	★
對手心狠指數	★

木剋土

愛情觀解析：木剋土的女人讓人佩服的地方，就是她們控制情緒的本事，你幾乎看不到一個會情緒崩潰的木剋土女人，即使她的心傷痛到無以復加的地步，如果她不想讓你知道，木剋土的女人可以裝做沒事一樣。

外遇防範之道：木剋土的人很講求和平氣氛又心地善良，因為很重視朋友，如果遇到三角戀愛這種情況，大部份都會先放棄愛情，然後回家大哭一場，享受一下為朋友犧牲的情操，就像是電視劇裡的男主角一樣，讓這段感情順其自然的發展，也是一種不錯的感情處理方式。

外遇危險指數	★★★★★★★
對手心狠指數	★★★★★★★

土剋水

愛情觀解析：土剋水的人談戀愛很浪漫、又天真，而且對感情非常專一、死心塌地，但是初戀的時候會流露出天真、純情，也會因為失戀或離婚而心碎，心碎的傷痛會埋藏在心底深處，很少跟別人訴苦。土剋水的人經過感情創傷之後，會比以前更堅強及成熟，但是有一個小缺點就是報復心太重，甚至會反過來玩弄別人的感情。

外遇防範之道：土剋水的男人天生很溫柔，這也讓他有很多外遇機會，事實上他敏感的心靈，很容易讓他被異性倒追，土剋水的男人很善良，不會惡意欺騙別人，不過偶爾說個小小善意的謊言也沒關係，在土剋水的人心中，好像隱藏一些事實他會比較有安全感，不用太大驚小怪，你就睜一隻眼、閉一隻眼算了。

外遇危險指數	★★★★★★★★
對手心狠指數	★★★★★★

水剋火

愛情觀解析：水剋火的人感情不專一，甚至到了濫情的地步，他喜歡享受熱戀的感覺，卻不一定需要那種愛得死去活來的戀愛。失戀以後只會有短暫的傷心，一看到喜歡的異性又會忘記一切。

外遇防範之道：水剋火的人很重視朋友，他喜歡在人群中生活，愛情問題對他來說並不難解決，朋友可是他很重要的解決方法訊息來源哦！

外遇危險指數	★★★★
對手心狠指數	★★

火剋金

愛情觀解析：火剋金的人一談戀愛就會全心全意的投入，要是對方用情不專，火剋金的人會感到非常的失望，失戀後會沒辦法忘記慘痛的經歷。從此之後只要一談戀愛也會跟著變得多疑又善變。

外遇防範之道：火剋金的人喜歡自由的感覺，不想被「外遇」問題牽絆住，覺得情人和妻子都重要，只要兩者一衝突，他寧可兩者都放棄。

外遇危險指數	★
對手心狠指數	———

生宮

水生木

愛情觀解析：談戀愛的時候會依自己的感覺去做，常因此而被對方拋棄，除了自己自尊心受創外，在性格上也會變得稍微孤獨。

外遇防範之道：水生木的男性為人精明、果斷，做事不拖泥帶水，如果發生三角關係，他會湊齊所有當事人，面對面說清楚彼此的感覺，即使離婚，他也能很快恢復，朝事業方面發展。

外遇危險指數	★★★★
對手心狠指數	★★★★★

木生火

愛情觀解析：木生火的人很重視家庭。就算有第三者出現，他也會耐心的等待這段感情，如果對方不回來，會有「一朝被蛇咬、十年怕草繩」的反應。

外遇防範之道：木生火的人際關係非常好，不會為了自己的愛情去傷害夫妻之間的關係，並不是他真的要放

棄愛情，只是好面子的他常會壓抑感情，來尋
求和平的關係。

外遇危險指數	★★★★
對手心狠指數	★★★★★

愛情觀解析：火生土的人喜歡追求愛情的刺激，即使出軌，也
會為自己找藉口，情變的機率相當高。失戀後會
非常傷心，會有一段蠻長的時間，處於情緒非常
低落的狀態。

外遇防範之道：喜歡自由、不拘小節的火生土，對於複雜的三
角關係，他可是會感到頭痛欲裂、全身發麻
的，雖然她對家庭都很重視，但當夫妻的關係
變成了一種考驗的時候，火生土的人就會顯現
出有點不負責任的態度，快速的脫離這段變質
的感情。

外遇危險指數	★★★★
對手心狠指數	★★★★★

土生金

愛情觀解析：土生金的人對於感情的佔有慾非常強烈，一旦找到意中人就會非常投入這段感情，當土生金的人發現對方不重視自己付出的感情，或是有一點點跡象顯示對方已經有了第三者，土生金的人會很傷心、痛苦，但是不會去挽回這段感情，若是極端一點的人，甚至有可能會做出不明智的行為。

外遇防範之道：對家庭、朋友、愛情專注的土生金，一旦發生三角關係，大概會先消失一陣子，既不想傷害自己的好朋友，又對這段感情放不下，在那左右為難著。

外遇危險指數	★★★★★
對手心狠指數	★★★★★★

金生水

愛情觀解析：金生水的人非常相信另一半，一旦感情發生變化，他們會受到相當大的打擊，甚至不原諒對方的不忠，金生水的女人可能會將失戀的原因歸咎於自己的魅力不夠，因而拼命去瘦身、美容，變得喜歡與別的女人比較誰最漂亮。金生水的男人則會認為自己窮或是學歷不夠，而將所有的心思全都投入工作中，努力在事業上闖出一番成績，也可能會覺得自己不夠好而產生自卑感。

外遇防範之道：金生水的人對愛情的態度是忠實的，而且愛上一個人是付出全心全意的，就算有千千萬萬種考驗，也不可能讓金生水的人放棄婚姻，她有一群娘子軍會為她出主意，會花錢找徵信社捉姦在床，再好好要一筆贍養費。

外遇危險指數	★★★★★
對手心狠指數	★★★★★★

平宮

平宮木

愛情觀解析： 平宮木的人即使在熱戀中，也會互相為對方留空間，並且互相不約束。他們不會因為對方的變心而感到痛苦，甚至會大方的祝福對方。一旦感情變了而且沒辦法接受時，他會看破紅塵出家去修行。

外遇防範之道： 平宮木的人婚後很保守，一旦有了家庭，家人比什麼東西都來得重要，而且會全心全意的投入。

外遇危險指數	★★★★★
對手心狠指數	★★★★

平宮火

愛情觀解析： 平宮火的女人，在婚姻中常遭遇到先生在事業上
企圖心不強，七早八早就想退休，男人的心裡話
又很少對配偶說，在無奈下只好自己承擔家計，
此時卻發現家中先生愛上女性網友，讓她內心起
無名火，此時內心世界悲憤，沮喪又羞辱，恨死
先生精神外遇，嚴重干擾她的婚姻生活。

外遇防範之道： 平宮火的男人人很內向，在談戀愛的時候也會
慢慢來，在慢速度的背後可是藏著一顆真心及
十足的火力，平宮火的男人相信所有愛情的考
驗，就算是有外遇來臨，他總認為夫妻相處話
愈來愈少，不妨找個小女人來傾聽我的幻想世
界，反正玩玩我很快就會回來，內心覺得十分
虧欠配偶，此時他會說要不要買些什麼？

外遇危險指數	★★★★★★
對手心狠指數	★★★★

平宮土

愛情觀解析：平宮土的人喜歡追求純真的愛情，不會浪費時間懷念已經變心的人，對於失戀看得很開，也不會因此而影響到對感情的態度。

外遇防範之道：平宮土的人有股驚人的毅力、頑固的生命力與恆心，使他不會輕易認輸，帶點飛蛾撲火不計後果的性格，要防止外遇的唯一方法，就是當他負氣離開的時候，撒嬌告訴他：「我每隔十分鐘會打電話給你，叫你回來！」

外遇危險指數	★★★★★★
對手心狠指數	★★★★★★★

平宮金

愛情觀解析：平宮金天生敏感多情，在感情世界處於弱者，當情敵出現時，總是不動聲色，默默等對方回來，一副拱手讓人的消極態度，其實這種愛情觀已經非常不適合這個時代了。

外遇防範之道：別傻傻等待另一半回頭，冷靜處理你的情敵，讓他們知道「想要外遇，門兒都沒有！」。

外遇危險指數	★★★★★★
對手心狠指數	★★★★★★★

平宮水

愛情觀解析：平宮水的戀愛態度是很開放的，只要是喜歡就會跟對方在一起。不過一旦平宮水的人對另一半失去了興趣，會想都不想就分手。即使感情變了他們也會接受，認為那是人生的一部份。平宮水的人是最難被失戀打敗的，他們對愛情既不強求、也不迴避。

外遇防範之道：平宮水的人很大方，但不會大方到沒有原則，待人處事一向明朗的平宮水，不喜歡搞地下情，有外遇一定帶出來召告天下，他會等著他的配偶跟他離婚，好雙宿雙飛，此時的妳不妨告訴他，你想飛就放你飛，老娘就是不離婚，這個家門隨時為你而開，如果偷的感覺沒了不如回家吧！

外遇危險指數	★★★★★★
對手心狠指數	★★★★★★★

SM受虐指數

性愛體貼指數

性愛激情指數

性行為大分類

性能力大曝光

性觀念大揭秘

PART 3

性福鑑定所

從姓名看性態度

性觀念大揭秘

3-1

　　「性」是婚姻當中不可缺少的維他命，夫妻兩個人在床上共同生活的時間，佔生命的三分之一，如果回到家中辦完事情倒在床上，昏頭大睡，可說是毫無情趣，其實「性」是互相的撫摸，「性」除了傳宗接代也是不斷的告訴對方，我依賴你、我需要你，增加夫妻的情趣，如何對你的「阿那答」做深入的了解，請參考這篇「性觀念大揭密」。

剋宮

金剋木

性觀念解析：金剋木的人不會很積極的去追求性愛，只是將對方視為可以長久等待的對象而已。當男女朋友發生性關係時，他往往比較有責任感。

性觀念成熟指數	★★★★★★★
開放指數	★★
需求指數	★★★★
衝動克制指數	★★

木剋土

性觀念解析：木剋土認為男女朋友在一起的性行為是可以避免的，盡可能在結婚當天再進行，如果不小心在婚前發生，他有責任與義務對女方負責任，絕對不做「落跑新郎」。

性觀念成熟指數	★★★★★★
開放指數	★★★
需求指數	★★★★
衝動克制指數	★★★

土剋水

性觀念解析：土剋水的人會將性與愛分開來看。男性只想嚐試性愛的歡愉，常因過分注重享樂，而忽略與另一半精神上的交流。女性在性愛上重視氣氛、場地與前戲，是所有婚姻宮當中，最重視閨房之樂的人。

性觀念成熟指數	★★★★★★
開放指數	★★★★
需求指數	★★★★★★
衝動克制指數	★★★★★

水剋火

性觀念解析： 水剋火的男人喜歡性方面的享受，他認為征服女人是種成就感。而水剋火的女人對於性反而沒有像水剋火的男人這麼樣的喜愛，她比較喜歡隨興、隨時做愛，越刺激的地方、越危險的地方，越能引起她的興奮感。

性觀念成熟指數	★★★★★
開放指數	★★★★★★★★
需求指數	★★★★★★★
衝動克制指數	★★★★★★★★

火剋金

性觀念解析： 火剋金的男性對性愛的進行方式會採固定模式，如果配偶希望變換地方，他會覺得是多此一舉；女性則天生多情，喜歡配偶對她溫柔，最好在燈光柔和的狀況下，與對方發生關係。

性觀念成熟指數	★★★★★
開放指數	★★
需求指數	★★★★★
衝動克制指數	★★

生宮

性觀念解析： 水生木的男性重視前戲，喜歡在做愛前和配偶洗鴛鴦浴，藉由洗澡中的互相撫摸，製造做愛氣氛；水生木的女性長期有工作壓力，做愛是她解決工作壓力的方式。

性觀念成熟指數	★★★★★★
開放指數	★★★
需求指數	★★★★★
衝動克制指數	★★★★★

木生火

性觀念解析： 木生火的男性對於性方面是非常渴望的，因此，當他事業有成後，老婆能不能滿足他，往往成為他有沒有外遇的藉口。木生火的女性在國內中規中矩，一到國外因為沒有太多束縛，行為較大膽開放。

性觀念成熟指數	★★★★★★
開放指數	★★★
需求指數	★★★★★
衝動克制指數	★★★★★

火生土

3-5

性觀念解析：火生土的男性對性的觀念十分保守，他比較喜歡固定的伴侶，至於偷吃只敢在心中想，他很重視貞操觀念，因此火生土的配偶最好少提與前男友交往的情形；火生土的女性對性觀念非常保守，永遠是固定的一套模式，她可以做一個好妻子、好媽媽，但是在床上她比較不懂得如何討好配偶，建議火生土的女性不妨多練一些瑜珈的動作，讓自己的肢體語言更靈活。

性觀念成熟指數	★★★★★★
開放指數	★★★
需求指數	★★★★★
衝動克制指數	★★★★★

土生金

性觀念解析：土生金的男性對於愛情會採取主動的方式，甚至到接近貪婪的地步，他們對於性愛十分專注而且細膩。土生金的女人「恬恬吃三碗公」，她很會討好老公，通常為了阻止老公在外面有外遇，一個晚上來三次都無所謂。

性觀念成熟指數	★★★★★★
開放指數	★★★
需求指數	★★★★★
衝動克制指數	★★★★★★

金生水

性觀念解析：男性在性方面要求多變，也希望他的伴侶能配合他，如果想抓住他別忘了跟他共同研究新的性愛姿勢。女性對性觀念非常保守，她比較不希望縱慾過度，最好一個星期一次就夠了。

性觀念成熟指數	★★★★★★
開放指數	★★★
需求指數	★★★★★
衝動克制指數	★★★★★

平宮

3-7

性觀念解析：平宮木的男性對性愛的需要並不強烈，就算長期沒有性方面的對象也無所謂。他認為女人要長得像飯島愛一樣，才能引起他的性衝動，平宮木的女性對性愛非常壓抑，她認為天底下的男人越容易得到越不會珍惜，假設要做愛，必須雙方有很深的認知。對愛情非常在乎，屬於對性愛不衝動的五行。

性觀念成熟指數	★★★★★★
開放指數	★★★
需求指數	★★★★★
衝動克制指數	★★★★★★★

平宮火

性觀念解析：很多平宮火的男性認為，生活裡有沒有性愛都無
所謂，如果認識不久就跟異性發生性關係，是一
件很不道德的行為，許多離婚者或是單身者，幾
乎都是平宮的五行。平宮火的女性在婚前比較不
願意與男友發生性關係，如果要有性的行為，必
須先有婚姻的約束，當配偶性無能的時候，她會
忍耐對性的饑渴，假裝滿足，其實內心非常的懊
惱，是所有婚姻宮中，在性方面不容易滿足的五
行。

性觀念成熟指數	★★★★★★
開放指數	★★★
需求指數	★★★★
衝動克制指數	★★★★★★

平宮土

3-9

性觀念解析：平宮土的男性認為夫妻在一起必須坦誠相待，他
會炫耀前任女友如何跟他做愛，也希望妳學學前
任女友，往往會讓新女友感覺此人真無趣，婚後
在性方面，比較會跟朋友討論，如何在床上做一
個英雄；平宮土的女性在性愛中是被壓抑的，她
比較不敢表現出自己對性愛的渴望，往往是老公
睡覺的時候，會獨自一個人看Ａ片的五行，對性
愛長期的壓抑，你會發現到三更半夜從床上起來
到浴室沖涼的五行，以平宮土的女性居多。

性觀念成熟指數	★★★★★★
開放指數	★★★
需求指數	★★★★★
衝動克制指數	★★★★★★

平宮金

性觀念解析： 平宮金的女人很在乎配偶，為了抓住對方，會去
逛情趣用品店，「在外如貴婦、床上如蕩婦」是
平宮金女性最佳的寫照；平宮金的男性對性就保
守多了，他們認為性愛過多會傷身體。

性觀念成熟指數	★★★★
開放指數	★★★
需求指數	★★★★★
衝動克制指數	★★★★★★★

平宮水

性觀念解析： 平宮水的女性擔心配偶會有偷吃行為，常常企圖
在床上把老公抓緊。平宮水的男性對性愛的需求
並不強烈，他認為夫妻，能不能共度白首才是最
重要的。

性觀念成熟指數	★★★★★★★
開放指數	★★★
需求指數	★★★★★
衝動克制指數	★★★★★★

性能力大曝光

3-11

　　每個人對性愛的表現不同，性能力在剋宮的男人性慾比較強，可以維持約１０分鐘左右的做愛時間，生宮的男性性慾比較不強，但是做愛的時間可以維持到１５分鐘左右，平宮的男人天生性慾強，一天可以做兩三次愛，只不過是短兵相接，每次只不過５分鐘。

剋宮

食補建議：吃人參可以補元氣，像金剋木這麼「勇猛」的人，要嘛不做，一做就要是最強的，沒有好好照顧好身體的元氣，怎麼能應付性愛這件事呢！

需求指數	★★★★
強度指數	★★★★★
享受指數	★★★★★★★
持久指數	★★★★★★★★

木剋土

食補建議：人家說藥補不如食補，木剋土的人可以靠中藥的食
補，來增強自己對性愛方面的能力，所以在食補方
面，建議你常吃些蜂王漿。

需求指數	★★★★
強度指數	★★★★★
享受指數	★★★★★
持久指數	★★★★★★★

土剋水

食補建議：土剋水的人喜歡享愛性愛的過程，但是在持久方面
比較不足，建議土剋水的男人可以試試藍色小藥丸
——威而鋼，或是多吃生蠔。

需求指數	★★★★★
強度指數	★★★★
享受指數	★★★★★★★
持久指數	★★★★

水剋火

食補建議：「夜夜Ｎ次郎」對水剋火的男人來說算是名符其實，雖然他的需求量多，但是持久度並不太好，建議你可以試著塗抹某些能夠增進持久度的藥品，例如：印度神油，或是吃些鹿茸類的補品。

需求指數	★★★★★★
強度指數	★★★
享受指數	★★★★★★★
持久指數	★★★★★

火剋金

食補建議：火剋金的人喜歡享愛性愛的過程，但是在持久方面比較不足，建議土剋水的男人可以試試藍色小藥丸——威而鋼，並且常吃蝦類。

需求指數	★★★★★
強度指數	★★★★
享受指數	★★★★★
持久指數	★★★★

生宮

水生木

食補建議：除了靠吃藥，平時多注意養身可以讓你的性生活十
分美滿。建議你每天早上起床後，吞一顆生雞蛋，
另外在海鮮類，則建議你多吃鮑魚。

需求指數	★★★★★★
強度指數	★★★★
享受指數	★★★★★★★
持久指數	★★★★★

木生火

食補建議：木生火的人很容易太過於在意對方給你的評語，不
妨放鬆自己的情緒，全心投入在性愛的過程之中，
也許你會發現是你想的太嚴重了。在食補方面建議
你多吃海參。

需求指數	★★★★
強度指數	★★★★
享受指數	★★★★
持久指數	★★★★

火生土

食補建議： 火生土的男性，不太需要靠藥物來增強性能力，平
常可以多吃些蚵仔、生蠔、蝦子或是青蛙來增強你
的精力。

需求指數	★★★★★★★★
強度指數	★★★★
享受指數	★★★★★★★
持久指數	★★★★

土生金

食補建議：「辦事」這麼賣力的你，如果不好好補一下，大概
很快也會油盡燈枯了吧！多吃一些補品補補元氣，
能讓自己的體能永遠保持在巔峰。在食補方面，建
議你買些海馬回來進補。

需求指數	★★★★★
強度指數	★★★★
享受指數	★★★★★★
持久指數	★★★★★★★

金生水

食補建議：食補對金生水的男人來說是最方便不過的事，坊間有很多食品裡都有可以增加男性性能力的東西，例如：羊肉爐等，另外也建議你多吃些蝸牛。

需求指數	★★★★
強度指數	★★★★★★★
享受指數	★★★★★★★
持久指數	★★★★★★★

平宮

平宮木

食補建議：不太需要靠藥物來增強性能力，平常可以多吃些蚵仔、生蠔、蝦子或是偶爾吃些螞蟻、蜂蛹。

需求指數	★★★★★★★
強度指數	★★★★★
享受指數	★★★★★★
持久指數	★★★★★★★

平宮火

3-17

食補建議：喜歡享愛性愛的過程，但是在持久方面比較不足，建議土剋水的男人可以試試藍色小藥丸——威而鋼。另外在食補方面，你可以常吃些冰糖燕窩或者天然燕窩。

需求指數	★★★★★★★★
強度指數	★★★★★
享受指數	★★★★★★
持久指數	★★★★

平宮土

食補建議：平宮土的你太過於在意對方給你的評語，不妨放鬆自己的情緒，全心投入在性愛的過程之中，也許你會發現是你想的太嚴重了。另外在食補方面，則建議你吃些蟬蛹、炸金龜等昆蟲餐。

需求指數	★★★★
強度指數	★★★★
享受指數	★★★★
持久指數	★★★★

乾宮金

食補建議：「辦事」這麼賣力的你，如果不好好補一下身體，大概很快也會油盡燈枯了吧！多吃一些補品補補元氣，調養一下自己的身體，能讓自己的體能永遠保持在巔峰。在食補方面，則建議你吃些山藥、牛蒡、冬蟲夏草。

需求指數	★★★★★
強度指數	★★★★★★
享受指數	★★★★★
持久指數	★★★★

乾宮水

食補建議：很多男人都喜歡在家裡泡一瓶中藥酒，偶爾拿出來喝個一、兩杯，到了晚上就算大戰個三百回合也都沒問題，可見中藥酒對男人來說，多少還有點功效，建議你可以吃何首烏，或者偶爾吃全蠍大餐。

需求指數	★★★★★★
強度指數	★★★★★★
享受指數	★★★★★★★
持久指數	★★★★★

性行為大分類

　　女性的性高潮普遍有心跳加快、肌肉收縮、緊張及興奮的情形，男性認為女性的性高潮代表自己的成就，夫妻在床第當中隨著年齡不同，生理的反應及心理的反應不同，及做愛的地點不同，所表現的性愛感也不同，如何在婚姻當中讓妻子有高潮，請看這個章節的解說。

剋宮

金剋木

性行為解析：金剋木的女人對性很保守而且很壓抑，但是隨著
　　　　　　　　年紀的增長，在性愛方面也會慢慢覺醒，很容易
　　　　　　　　就沈溺於性愛的刺激當中。

怪癖指數	★★
花招指數	★★
慾望強度	★★★

木剋土

性行為解析：木剋土的女生在性愛上比較傳統、保守，覺得應
該要配合另一半的需求，所以她們會努力配合對
方，直到另一半高潮後，她才會覺得滿足。

怪癖指數	★★
花招指數	★★
慾望強度	★★★

土剋水

性行為解析：土剋水的女生很有主見，在床上不會有任何的退
讓，缺少那麼一點點溫柔的感覺。

怪癖指數	★★★★
花招指數	★★★
慾望強度	★★★★

水剋火

3-21

性行為解析：是屬於那種感覺對了，在床上就直來直往的人，
討厭對方拖拖拉拉、不乾脆。

怪癖指數	★★★★★
花招指數	★★★
慾望強度	★★★★★

火剋金

性行為解析：態度較為含蓄，不易表現出自己的感覺。

怪癖指數	★★★★
花招指數	★★
慾望強度	★★★★★

生宮

水生木

性行為解析：水生木的女生對性愛的態度保守、浪漫，又充滿
期待，外人以為她很溫柔賢良，實際上，她是典
型的悶騷，她很渴望能和伴侶一起摸索性愛的神
秘世界，滿足她的性愛慾望。

怪癖指數	★★★★★
花招指數	★★
慾望強度	★★★★

木生火

性行為解析：木生火的女人很傳統、有媽媽的感覺，對於性愛
是期待又怕受傷害，喜歡在比較安全的地方做
愛，在床上的表現會儘量讓對方感到滿足。

怪癖指數	★★★
花招指數	★★
慾望強度	★★★★

火生土

性行爲解析：火生土的女人很新潮，在性愛上喜歡幻想另一半
是健身房的教練或者是猛男秀的猛男，做愛的時
候喜歡矇上眼睛，或者睜開眼睛

怪癖指數	★★★★★★
花招指數	★★★★★
慾望強度	★★★★★

土生金

性行爲解析：土生金的女生很熱情、豪爽，在性愛上希望能帶
給另一半滿足的感受，只要另一半表現出興奮、
愉悅的感覺，她就會覺得非常的滿足。

怪癖指數	★★★★★
花招指數	★★
慾望強度	★★★★

性行為解析：金生水的女生在性愛中不是主動的那一型，但是如果在很有氣氛感覺下，她可是會全力的配合另一半。

怪癖指數	★★★★★★
花招指數	★★★★
慾望強度	★★★★★

平宮

性行為解析：平宮木的女生反應很快，喜歡新鮮的事物，在床上也會比較喜歡新奇、多變的性愛模式，性愛的花招技巧越多她越喜歡，如果性伴侶不能滿足她對性愛的慾望，那就會變得死氣沈沈提不起勁來。

怪癖指數	★★★★★★
花招指數	★★★★★
慾望強度	★★★★★

平宮火

性行為解析：平宮火的女生全身上下都散發著「性」的吸引力，對於性愛的表現熱情而且激烈，性慾旺盛的時候持久力可是很好的，懂得享受性愛的快樂，如果另一半的反應是平淡、冷靜的，她可是會提不起勁來。

怪癖指數	★★★★
花招指數	★★
慾望強度	★★★

平宮土

性行為解析：平宮土的女生在性愛方面很害羞，雖然對性愛有好奇心和渴望，但是要她實際付諸行動，可能要先花一段時間得到她的信任。

怪癖指數	★★★★★
花招指數	★★
慾望強度	★★★★

平宮金

性行為解析：平宮金的女生感覺很敏銳，如果性愛的方式太過於大膽，她會產生排斥感。

怪癖指數	★★
花招指數	★★
慾望強度	★★★

平宮水

性行為解析：平宮水的女人很懂得享受性愛，對性愛的方式大膽而且誇張，是所有男人夢想的那種類型，如果另一半的表現不夠好，她可是會覺得不高興的。

怪癖指數	★★★★★★
花招指數	★★★★
慾望強度	★★★★

性愛激情指數

男人都希望能在床上征服女人，這樣子才能顯示出他的性能力強，但是女人常會壓抑自己的情緒和反應，怕會被對方誤會自己很隨便，所以常採取比較被動的姿態，而男人當然就樂當那位征服者囉！

其實女人也會有渴望性愛的時候，只是不像男人這麼頻繁，女人性慾的出現大概會在排卵前、後或經期前，就算是有性慾的出現，女人也會抑壓、隱藏自己的性慾，性慾的興奮速度也比男人慢，不會有性衝動的產生。

男人只有在射精時才會有高潮的感覺，而女人就算是愛撫、親吻等等，也會有高潮感和滿足感，男人以自己的性能力感到自豪，而女人則是在性愛中肯定自己的魅力。

剋宮

金剋木

解析建議： 你的時間都分配到工作、家庭、娛樂方面，所以有
時候會覺得時間不夠用，而性愛專家也曾說過，現
在的夫妻缺乏睡前溝通時間，偶爾在睡前來一小段
溫存，就算是只有短短的十分鐘也沒關係。

激情強度指數	★★
性愛快樂指數	★★★
性愛技巧指數	——————

木剋土

解析建議： 在婚姻生活中經常撫摸對方，有時候會比性愛更能
讓彼此感情穩定，性愛專家說過，除了做愛以外，
改善撫摸的技巧，也是增進做愛效果的一種方式。

激情強度指數	★★
性愛快樂指數	★★★
性愛技巧指數	——————

土剋水

解析建議：有過一起冒險的經驗，可以讓彼此產生更強的依賴
感，在一起經歷興奮和刺激的同時，你們會發現原
來對方是這麼的吸引你。

激情強度指數	★★★★★★★
性愛快樂指數	★★★★★★★
性愛技巧指數	★★★★★★★

水剋火

解析建議：千篇一律的做愛方式已經變成是一種固定模式了，
就算是沒有性慾也可以做愛，如果要改變這樣的狀
況，妳要學會在適當時機做出適當的表現，像是在
做愛時不時的稱讚他，用呻吟和表情來刺激他的感
官，讓他覺得妳是真的在享受性愛的過程，這樣能
逐漸改善你們的一成不變。

激情強度指數	★★★★★★
性愛快樂指數	★★★★★★★
性愛技巧指數	★★★★★★★

火剋金

解析建議：火剋金的男性對於性的滿足比較屬於全方位的，建
議你可以多透過撫摸的方式，來增加他的滿足感。

激情強度指數	★★★★★
性愛快樂指數	★★★★★★
性愛技巧指數	★★★★★

生宮

水生木

解析建議：他會在床上奮力表現，想用這種方式來取悅妳，如
果妳喜歡他輕吻或是撫摸妳身上的某個部位，可以
明白向他表示，免得對方很努力的取悅妳，卻感覺
不到你的回應，久了會造成彼此間的埋怨而影響感
情。

激情強度指數	★★★★
性愛快樂指數	★★★★★
性愛技巧指數	★★

木生火

3-31

解析建議：除了可以在不同的地點做愛，不同的姿勢也是一種
刺激的感受，也許妳可以從中發現其中有某種方
式，最能讓妳和他感覺到高潮。

激情強度指數	★★★★★
性愛快樂指數	★★★★
性愛技巧指數	★★★

火生土

解析建議：可以計畫一個短期的旅行，藉由這次的旅行來製造
妳和他之間不同的感受，例如：妳可以計畫二度蜜
月，兩人一起再回到新婚時去旅遊過的地方，甚至
住在同一間旅館裡，一起回想當初恩愛的情景，也
許可以將當初的濃情蜜意再找回來。

激情強度指數	★★★★★★
性愛快樂指數	★★★★★
性愛技巧指數	★★★★★

土生金

解析建議：性愛的地點除了在臥室的床上，有時候也可以換換
地方，增加一點新鮮感。

激情強度指數	★★★★
性愛快樂指數	★★★★★
性愛技巧指數	★★

金生水

解析建議：選一個寧靜的夜晚，在昏黃的燈光下或是在燭光
裡，穿上絲綢製的睡衣和內衣，再噴一點香水，播
放輕柔的音樂，與妳的另一半隨著音樂翩翩起舞，
在這種燈光美、氣氛佳的情況下，可以讓彼此的性
慾提昇不少喔！

激情強度指數	★★★★★★★
性愛快樂指數	★★★★★★
性愛技巧指數	★★★★

平宮

平宮木

解析建議：在床上也有很多可以輔助道具，平宮木的你，可以
藉由道具的使用，提高你與配偶的「性」趣。

激情強度指數	★★★★★★★★
性愛快樂指數	★★★★★★
性愛技巧指數	★★★★

平宮火

解析建議：妳可以偶爾製造出一些小小的氣氛，像是煮頓燭光
晚餐，打扮得漂漂亮亮，在柔美的燭光下、優美的
音樂裡吃飯，這樣子也會增加雙方的性慾，如果能
喝點葡萄酒或是香檳酒，也是一種不錯的催情劑
喔！

激情強度指數	★★★★★
性愛快樂指數	★★★★★
性愛技巧指數	★★★

平宮土

解析建議：如果妳常在性愛中扮演被動的角色，那麼偶爾該換妳主動出擊了，妳可以利用愛撫的方式來挑逗他，並探索他的敏感帶，對於增進彼此間的感情，有很大的幫助。

激情強度指數	★★★★
性愛快樂指數	★★★★★
性愛技巧指數	★★

平宮金

解析建議：要學會養成撫摸對方的習慣，像是在看電影時可以握著彼此的手，在家看電視的時候，老公可以將老婆輕擁在懷裡，甚至不時的輕吻一下，而當老婆的也要表現出喜歡被擁抱的感覺，可不要因為害羞或是不習慣，而表現出一副「離我遠一點」的表情，這樣子會讓彼此之間隱藏著小小的距離感喔！

激情強度指數	★★★
性愛快樂指數	★★★★
性愛技巧指數	———

不宮水

3-35

解析建議：有時候可能會因為日常生活中的壓力，或是工作上的壓力而感到沒有性慾，可能是因為你把性愛當成一種任務，建議你偶爾轉換一下不同的情緒、心情，對於紓解壓力真的會有幫助哦。

激情強度指數	★★★★★★
性愛快樂指數	★★★★★★
性愛技巧指數	★★★★

性愛體貼指數

　　傾聽對方的身體是一門哲學，有一本書《搞定女人》，這本書是寫一個女同志之間做愛的方法，仔細翻閱了這本書以後，才發現到為什麼有這麼多的同性戀者。同性戀在做愛時除了擁抱、撫摸、接吻、挑逗外，都有欲擒故縱的方法，不輸真槍實彈的做愛。

剋宮

解析建議： 他的獸性隨時隨地就可能會爆發出來的，一旦上了
　　　　　　　床，妳就變成他的獵物任由他宰割，越是反抗他就
　　　　　　　會越興奮。

性愛溫柔指數	★★★★
性愛浪漫指數	★★★★★
性愛技巧指數	★★★

3-37

解析建議：只要跟他上床，妳一定要學會說甜言蜜言，而且還不能說的太誇張。

性愛溫柔指數	★★★★
性愛浪漫指數	★★★★★
性愛技巧指數	★★★

解析建議：他絕對是很會說甜言蜜語的，他在床上總是很努力，希望帶給對方最浪漫的享受，所以當妳達到高潮時的呻吟，對他來說就是最棒的甜言蜜語。

性愛溫柔指數	★★★★★★★
性愛浪漫指數	★★★★★★
性愛技巧指數	★★★★★★

水剋火

解析建議：他在做愛的時候通常都是快、狠、準，但卻少了一
點溫柔和浪漫，因為有點大男人主義，不習慣另一
半主動，甚至喜歡主導整個性愛過程。

性愛溫柔指數	★★★
性愛浪漫指數	★★★★★
性愛技巧指數	★★★★

火剋金

解析建議：雖然他的個性很溫柔，但是常會被人誤認為是色
狼，對他來說性愛就要包含視覺、聽覺，及觸覺上
的享受，在他愛撫時候輕輕的發出呻吟，會讓他感
覺很興奮。

性愛溫柔指數	★★★★★★★
性愛浪漫指數	★★★★
性愛技巧指數	★★★★★★

生宮

3-39

 水生木

解析建議： 他對性愛的要求不高，算是那種用大腦做愛的男人，對於甜言蜜語他懂得比妳還多，妳只要說一句他可能會回妳十句，妳說的越多，他就會越興奮。

性愛溫柔指數	★★★★
性愛浪漫指數	★★★★★★
性愛技巧指數	★★★★★

木生火

解析建議： 和他做過愛的女人就會知道，他有一種神秘的魅力讓妳投入他的懷中，當妳撫摸他的敏感帶時，他也會同樣的撫摸妳的身體。

性愛溫柔指數	★★★★★
性愛浪漫指數	★★★★★★
性愛技巧指數	★★★★

火生土

解析建議：他喜歡嘗試不同的花招，在不同的地點、不同的姿勢都能讓他覺得新鮮、驚奇。

性愛溫柔指數	★★★★★
性愛浪漫指數	★★★★★★★
性愛技巧指數	★★★★

土生金

解析建議：對他來說做愛的先決條件就是製造浪漫的氣氛，所以音樂、燈光對他來說是很重要的，只要妳對他說一句「你好溫柔喔！」他會製造出更多的浪漫氣氛，讓妳和他一起沉醉在情慾世界裡。

性愛溫柔指數	★★★★
性愛浪漫指數	★★★★★★
性愛技巧指數	★★★★★

金生水

3-41

解析建議：在外他表現得很彬彬有禮，在床上時他的獸性就會
完全釋放出來，有時會在妳的身上留下吻痕和齒
痕，他最喜歡聽到妳大聲的叫聲，感覺像是隻被征
服的獵物。

性愛溫柔指數	★★★★★★★★
性愛浪漫指數	★★★★★★★
性愛技巧指數	★★★★★★

平宮

平宮木

解析建議：他在表現上較不會太新潮，內心也不喜歡太主動，
但實際上他喜歡妳表現得像一個蕩婦，妳越需要，
他越興奮。

性愛溫柔指數	★★★★★
性愛浪漫指數	★★★★★★
性愛技巧指數	★★★★

平宮火

解析建議：這種男人喜歡在不定時的情況下向妳要求，因為他喜歡的對象是屬於膽子小、需要男人保護的那一型，妳越害羞、害怕、倉惶失措，他越興奮。

性愛溫柔指數	★★★★
性愛浪漫指數	★★★★★★★
性愛技巧指數	★★★★★

平宮土

解析建議：他做任何事都喜歡專心一致，不喜歡被打擾，就連做愛時也一樣，妳最好不要把對付其他男人的招式用在他身上，那種想叫又不敢叫出來的感覺，才會讓他感覺興奮。

性愛溫柔指數	★★★★
性愛浪漫指數	★★★★★★
性愛技巧指數	★★★★★

平宮金

3-43　**解析建議**：這種男人喜歡在刺激的氣氛中向妳提出要求，也就
是一般人所謂的車床族，因為他喜歡偷吃的感覺。

性愛溫柔指數	★★★★
性愛浪漫指數	★★★★★★
性愛技巧指數	★★★★

平宮水

解析建議：這種男人溫柔浪漫的不得了，他的性愛方式是屬於
纏綿悱惻型，良好的氣氛會讓妳一輩子也不想下
床，簡單的一句「我愛你」就是他最想聽到的甜言
蜜語。

性愛溫柔指數	★★★★★★
性愛浪漫指數	★★★★★★★
性愛技巧指數	★★★★★

ＳＭ受虐指數

　　在情趣用品店中我們常看到長短皮鞭、口銜、項圈、手銬、鐵鍊、麻繩、蠟燭等各式道具一應俱全，令人目瞪口呆，據店員說買這些用具的人年齡層幾乎都在四十歲左右，男性喜歡把自己變成奴隸，喜歡女性扮演著女王的角色，在美國舊金山早有以ＳＭ為主題的社會團體、俱樂部和ＰＵＢ，當地性非常開放，有許多人認為所謂的ＳＭ並不一定要使用道具，其關鍵是在挑起性快感的能力，在生理學上，痛覺會刺激身體分泌化學酵素胺多芬，ＳＭ不再是早期的日本片女生當弱者，目前流行男性當弱者，以獲取性愛的快感與高潮。

剋宮

解析建議： 你還是比較喜歡一般的性愛方式，對於一些新奇、特別的花招，尤其是那些接近變態行為的方式，你可是連碰都不敢碰。

性愛狂想指數	★★★
性愛受虐指數	★
性愛獸性指數	★
性愛暴力指數	★★★

木剋土

解析建議： 你喜歡嘗試不同的技巧，只要是不傷害到對方，你也願意嘗試看看，在你隱藏的潛意識中，也許一些不同的性愛方式，例如：角色扮演，會讓你覺得更刺激。

性愛狂想指數	★★★★★
性愛受虐指數	★★★
性愛獸性指數	★★★★
性愛暴力指數	★★★★★

土剋水

解析建議： 對於A片裡的情節、動作，你是想做又不敢做，怕跟對方提出這樣子的要求會被拒絕，也怕萬一做得不好，會被對方嘲笑，內心一直在掙扎著到底該不該試試看。

性愛狂想指數	★★★
性愛受虐指數	★★
性愛獸性指數	★★★
性愛暴力指數	★★★

水剋火

解析建議：喜歡享受性愛的你，不管是任何姿勢、地點都可以接受，也會嘗試不同的性愛方式，例如：受虐式性愛、角色扮演等，都能引起你的性慾，甚至會用一些道具來輔助。

性愛狂想指數	★★★★★
性愛受虐指數	★★★★
性愛獸性指數	★★★★
性愛暴力指數	★★★★★★

火剋金

解析建議：對性愛的方式，你比較習慣採取主動，什麼SM、角色扮演等等，對你來說是沒有什麼興趣的，那種像獅子一樣讓對方臣服在你的腳下，才是你最想要的。

性愛狂想指數	★★★
性愛受虐指數	★★★★
性愛獸性指數	★★★★
性愛暴力指數	★★★

生宮

水生木

解析建議：你喜歡先被偷窺，然後對方用半強迫的方式跟你發生性愛關係，這樣在感覺上，你才容易達到高潮。

性愛狂想指數	★★★★
性愛受虐指數	★★★★★
性愛獸性指數	★★★★★
性愛暴力指數	★★★★

木生火

解析建議：不知道是不是A片看太多，一般的做愛方式已經不能滿足你的性慾，你會和性伴侶一起嚐試不同的性愛方式，3P、4P你也能接受。

性愛狂想指數	★★★★
性愛受虐指數	★★★
性愛獸性指數	★★★★
性愛暴力指數	★★★★★

火生土

解析建議： 你喜歡那種征服的感覺，除了讓對方完全屈服，
也會使用各種不同的性愛道具，只要是不傷害到對
方，你都會去嘗試看看，3P、多P的玩法，你也能
接受。

性愛狂想指數	★★★★
性愛受虐指數	★★★★★
性愛獸性指數	★★★★★★
性愛暴力指數	★★★★★

土生金

解析建議： 你喜歡在身體不舒服時發生性愛關係，在那種全
身軟弱無力下，任憑對方玩弄，最好一次就六個小
時以上，那種虛脫的感覺才能令你滿足。

性愛狂想指數	★★★★★
性愛受虐指數	★★★★
性愛獸性指數	★★★
性愛暴力指數	★★★★

金生水

解析建議：你喜歡藉著工具和對方一起的狀況下達到高潮，那種壓迫的感覺才能滿足你的需求。

性愛狂想指數	★★★★★
性愛受虐指數	★★★
性愛獸性指數	★★★★★
性愛暴力指數	★★★★

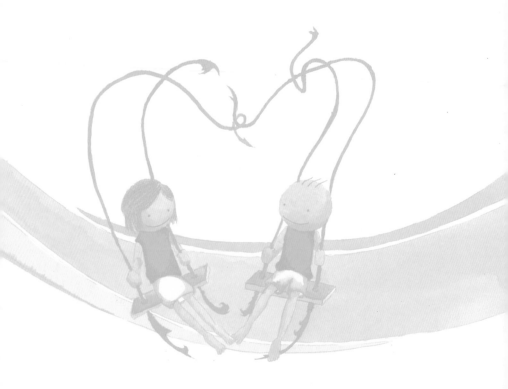

平宮

平宮木

解析建議：你喜歡想像不同的做愛情節，角色扮演是最適合
你的，可以滿足你愛幻想的心理，刺激你的性愛慾
望，別學多太A片裡的情節，有時候那也是一種
「不可能的任務」。

性愛狂想指數	★★★★★
性愛受虐指數	★★★★
性愛獸性指數	★★★★
性愛暴力指數	★★★★

平宮火

解析建議：你喜歡在喝點小酒或者嗑兩粒藥後，在半夢半醒
之間達到高潮。

性愛狂想指數	★★★★★★
性愛受虐指數	★★★★★
性愛獸性指數	★★★★
性愛暴力指數	★★★★

平宮土

解析建議： 你做愛的方式雖然不屬於激烈型的，但是常常會製造出浪漫的氣氛，就像是王子與公主一樣，常常會讓對方身處在燈光美、氣氛佳的狀況下，那種甜蜜的感覺濃得化不開，讓人覺得很窩心。

性愛狂想指數	★★★★★
性愛受虐指數	★★★★
性愛獸性指數	★★★
性愛暴力指數	★★★★

平宮金

解析建議： 你喜歡在泡澡、泡溫泉中發生性愛關係，那種隨意進出加上熱熱的水的感覺，才能令你達到興奮及高潮。

性愛狂想指數	★★★★★
性愛受虐指數	★★★
性愛獸性指數	★★★★
性愛暴力指數	★★★★★

平宮水

解析建議：你喜歡在突如其來的情況下發生性愛關係，例如
兩個人在聊天，對方突然向你施暴，你最喜歡在那
種感覺下達到高潮。

性愛狂想指數	★★★★★★
性愛受虐指數	★★★★★
性愛獸性指數	★★★★★★★
性愛暴力指數	★★★★★

LOT系列

愛情姓名學

作　　　　者：胡婕筠
出　　版　　者：生智文化事業有限公司
發　　行　　人：宋宏智
企　劃　主　編：林淑雯、陳裕升
行　銷　企　劃：汪君瑜
文　字　編　輯：張愛華
版　面　構　成：夏果momo
封　面　設　計：夏果nana
插　　　　畫：Raywings
專 案 行 銷 主 任：吳明潤
登　　記　　證：局版北市業字第677號
地　　　　址：台北市新生南路三段88號5樓之6
電　　　　話：(02)2366-0309　　　(02)2366-0310
網　　　　址：http://www.ycrc.com.tw
讀 者 服 務 信 箱：service@ycrc.com.tw
郵　撥　帳　號：19735365　　　　　戶名：葉忠賢
印　　　　刷：鼎易印刷事業股份有限公司
法　律　顧　問：北辰著作權事務所　　蕭雄淋律師
初　版　一　刷：2004年9月　　　定價：新台幣250元
I　S　B　N：957-818-651-7

國家圖書館出版品預行編目資料

愛情姓名學 / 胡婕筠 作.
- 初版. - 臺北市：生智, 2004[民93] 面；公分
　　ISBN (平裝)　957-818-651-7
1. 姓名學
293.3　　　　　　　　　　　93012469

總經銷：揚智文化事業股份有限公司
地址：台北市新生南路三段88號5樓之6
電話：（02）2366-0309　　傳真：（02）2366-0310

※本書如有缺頁、破損、裝訂錯誤，請寄回更換

106-□□
台北市新生南路3段88號5樓之6

揚智文化事業股份有限公司　　收

□□□-□□

地址：　　　市縣　　鄉鎮市區　　路街　段　巷　弄　號　樓
姓名：

PUBLICATION

書號 D6113　　　　書名 愛情姓名學

生智文化事業有限公司

讀·者·回·函

感謝您購買本公司出版的書籍。
為了更接近讀者的想法，出版您想閱讀的書籍，在此需要勞駕您
詳細為我們填寫回函，您的一份心力，將使我們更加努力！！

1. 姓名：＿＿＿＿＿＿＿＿

2. E-mail：＿＿＿＿＿＿＿＿

3. 性別：□ 男 □ 女

4. 生日：西元＿＿＿年＿＿＿月＿＿＿日

5. 教育程度：□ 高中及以下 □ 專科及大學 □ 研究所及以上

6. 職業別：□ 學生 □ 服務業 □ 軍警公教 □ 資訊及傳播業 □ 金融業
　　　　　 □ 製造業 □ 家庭主婦 □ 其他＿＿＿＿

7. 購書方式：□ 書店 □ 量販店 □ 網路 □ 郵購 □書展 □ 其他＿＿＿＿

8. 購買原因：□ 對書籍感興趣 □ 生活或工作需要 □ 其他＿＿＿＿

9. 如何得知此出版訊息：□ 媒體＿＿＿ □ 書訊 □ 逛書店 □ 其他＿＿＿＿

10. 書籍編排：□ 專業水準 □ 賞心悅目 □ 設計普通 □ 有待加強

11. 書籍封面：□ 非常出色 □ 平凡普通 □ 毫不起眼

12. 您的意見：＿＿＿＿＿＿＿＿＿＿＿＿＿＿＿＿＿＿＿＿＿＿＿＿
＿＿＿＿＿＿＿＿＿＿＿＿＿＿＿＿＿＿＿＿＿＿＿＿＿＿＿＿＿＿＿

13. 您希望本公司出版何種書籍：＿＿＿＿＿＿＿＿＿＿＿＿＿＿＿

☆填寫完畢後，可直接寄回（免貼郵票）。
　我們將不定期寄發新書資訊，並優先通知您
　其他優惠活動，再次感謝您！！

新思維・新體驗・新視野　　　新喜悅・新智慧・新生活

PUBLICATION